新编

文化中国

中国文化阅读教程 I

王海龙 著

图书在版编目(CIP)数据

新编文化中国：中国文化阅读教程Ⅰ / 王海龙著. —北京：北京大学出版社，2020.6
ISBN 978-7-301-31260-5

Ⅰ.①新… Ⅱ.①王… Ⅲ.①汉语—对外汉语教学—教材 Ⅳ.① H195.4

中国版本图书馆CIP数据核字(2020)第023199号

书　　名	新编文化中国——中国文化阅读教程Ⅰ
	XINBIAN WENHUA ZHONGGUO——ZHONGGUO WENHUA YUEDU JIAOCHENG Ⅰ
著作责任者	王海龙　著
责任编辑	唐娟华
标准书号	ISBN 978-7-301-31260-5
出版发行	北京大学出版社
地　　址	北京市海淀区成府路205号　100871
网　　址	http://www.pup.cn　新浪微博：@北京大学出版社
电子信箱	zpup@pup.cn
电　　话	邮购部 010-62752015　发行部 010-62750672　编辑部 010-62767349
印 刷 者	三河市北燕印装有限公司
经 销 者	新华书店
	787毫米×1092毫米　16开本　16.5印张　333千字
	2020年6月第1版　2020年6月第1次印刷
定　　价	69.00元

未经许可，不得以任何方式复制或抄袭本书之部分或全部内容。
版权所有，侵权必究
举报电话：010-62752024　电子信箱：fd@pup.pku.edu.cn
图书如有印装质量问题，请与出版部联系，电话：010-62756370

前　言

《文化中国·中国文化阅读教程Ⅰ》（以下简称《文化中国》）已经出版了十多年了，在同类教材中，它是比较早的，也是为教学界所熟知的。这些年，它在海内外受到了欢迎，并多次重印。但是，随着海内外文化、经济和外语教学等多方面的发展，我们需要对它进行一个从更高角度的审视和更新。现在我们这本《新编文化中国·中国文化阅读教程Ⅰ》（以下简称《新编文化中国》）就是对这种需求的一种响应。最近二十年是世界汉语教学的一个黄金时代，也是海外学汉语人数激增的时期。如何编写一部受广大教师和学生欢迎且适应教与学的教材是教育工作者迫切的责任。

通过这十几年来的教学实践，我们发现《文化中国》的教学主题和板块设计是合理的。它将语言教学和知识传播融为一炉，在字、词、句、章和汉语语法、词汇教学的同时，将中国文化的基本知识也传授给学生。同时，它尽量用浅显生动的语言将关于中国的方方面面呈现出来。这本书的另一个特点是，它在词汇教学和语法教学上注重基本功的训练，有大量的练习和语汇知识扩展方面的内容。

《新编文化中国》除了继续保持上述特色外，还加强了语词教学内容和释义、辨析等方面的训练。不仅在语法、词汇和修辞等方面进行了强化，我们在教学话题和内容上也进行了大幅度地更新和调整。《新编文化中国》除了介绍传统文化知识以外，更加关注中国社会的进步和民生以及老百姓关心的话题等，以便让学生能够学到比较鲜活的当下老百姓使用的语言，更好地理解当代中国，将所学的知识运用于实践中去。

《新编文化中国》词汇教学中，依然保留了过去的优良传统，对生词的教学内容进行了悉心处理。根据以往一般情形统计，我们这套教材在海外适用于高年级教学层级。这个阶段的学生来源比较复杂：他们有的是在欧美或其他地区高校中学习过两年或两年以上汉语的外国学生；有的是在欧、美、亚、非等地长大的华裔子弟，从小跟父母或家人学汉语，或在各类周末华语学校学习过，程度不一；有的是在欧美或其他地区上中学、小学期间选修过汉语课的外国学生；还有一种是曾经在中国或说汉语地区工作或学习过的外教、外交人员、商人或他们的子女，他们当中有些人的发音很好，基本知识也具备，但是基础不牢，而且其汉语知识似是而非。

由于学生来源和背景比较复杂，本教材如果要符合大多数使用者的需要，有必要从语汇教学入手。我们在进行核心词汇教学设计时尽量满足不同读者的需要，主课文即导论课部分的生词提供简体和繁体两种字体对照的形式，以便使用者能循序渐进，逐渐达到统一适应新课程的需要。

此外，在词汇教学设计上，我们对每单元第一课，即单元导论课生词和后面的阅读理解课生词的处理略有不同。单元导论课是整个单元的纲或核心，在释词上我们尽量采用汉语释义的方式，尝试用浅显的中文来解释生词的意思，让学生们拓展认知、尝试着用汉语思维来理解汉语；同时，我们也提供了生词的英文翻译，以帮助学生更好地理解词义。本书词性标注依据《现代汉语词典》第7版标准，对成语、习惯用语及离合词等不加标注。

围绕单元导论课，我们设计了一些阅读理解课。这些阅读理解课的生词我们采用传统的英文释义的方式让学生理解词义。阅读理解课的内容旨在加深对导论课的消化理解，其中包含了很多有趣的个案、故事以及阅读材料等。它们是导论课的有益补充，同时可以拓展相关词汇，促进和巩固所学的内容。

这本教材的使用者很多是海外各个专业门类的学生，他们的大学专业课往往非常繁重，而学外语特别是学汉语则是一门耗时耗力的选修课。为了兼顾不同专业的学生能有效地选修汉语这一门课，本书的体例设计比较适用于各类不同专业的学生的需要。过去的教学实践证明，这一方法是成功的，而且多年来受到了广大师生的欢迎和认可。

同时，本教材也比较注重阅读理解和讨论写作方面的训练，是一本全面培养和增进学生汉语能力的教材。基于教材的话题选择、内容选取和语法训练等方面的设计也比较合理。

《文化中国》出版后受到了广泛的欢迎和采用，在美国不仅是高校，而且一些高中和华语学校也在使用这本教材。此外，联合国和其他一些国际组织和机构也在用本教材培训职员。同时，国内的一些高校也选用了这本教材。总之，这是一本使用者众多、比较"靠谱"的受欢迎的教材。我们相信，通过这次改编，一定会使它在原有的基础上得以提高，以更新更好的面目来服务读者。

这本教材在十多年的使用过程中，我收到了很多老师和学生的反馈。非常感谢他们的支持和建议，在《新编文化中国》出版之际，请允许我在此向他们表示衷心的感谢。

同时，我还要感谢郭力、张弘泓、沈浦娜、邓晓霞和唐娟华等老师多年来对这本教材的改进和提高给予不懈的关心和支持。希望我们大家携起手来，共同为海内外汉语教学事业的发展和壮大而努力。

王海龙

2020年5月

目 录

1 单元　中国人的文化传统 1

第一课　中国人的文化传统 2

第二课　"文化"从哪儿来 18

第三课　"面子"的昨天和今天 24

第四课　请客吃饭与面子问题 31

第五课　带着奶奶去看山 36

2 单元　中国礼俗 43

第六课　中国礼俗 44

第七课　"五伦"与中国人 59

第八课　中国人的送礼习俗 64

第九课　聪明过头的杨修 68

第十课　寒食节的传说 73

第十一课　谁是最勇敢的人 78

第十二课　空城计的故事 83

3 单元　中国的皇帝 88

第十三课　中国的皇帝 89

第十四课　黄帝和皇帝 102

1

第十五课 汉高祖刘邦的故事	107
第十六课 本该成为艺术家的皇帝	113
第十七课 爱国爱民的王后息夫人	122
第十八课 康熙和《康熙字典》	126
第十九课 溥仪皇帝登基	133

4 单元 传统的中国家庭 138

第二十课 传统的中国家庭	139
第二十一课 "孝"与"顺"	155
第二十二课 家	160
第二十三课 形形色色的家训	166
第二十四课 沈园故事	176
第二十五课 鲁迅的家庭和童年	183

5 单元 中国的科举制度 192

第二十六课 中国的科举制度	193
第二十七课 范进中举	208
第二十八课 给爸爸的信	214
第二十九课 父亲的信	219
第三十课 丁龙先生的梦	225
第三十一课 伍老师	231

生词索引 242

1 单元　中国人的文化传统

预习提示：

1. 你了解中国的文化传统吗？你觉得中国文化和西方文化的最大不同是什么？
2. 你喜欢中国人的礼貌吗？你觉得中国人的礼貌和其他文化的礼貌有什么不同？
3. 中国人的性格难以理解吗？为什么？

第一课　中国人的文化传统

中国人自认为是世界上最讲礼貌的民族。中国文化**具有**很长的历史**渊源**，中国人的礼貌也有着很**悠久**的传统。中国是一个多民族的国家，**因而**中国人的礼貌和文化风俗有着不同的来源。总的来说，中国文化要求有知识、懂道理的人要遵守传统的礼法、讲究礼貌，**文质彬彬**，**温良恭俭让**。而一般的老百姓呢？他们**则**要尊重有知识有经验的人、**权威**人士或年龄大的人，看这些人怎么说怎么做，然后再决定自己应该怎么说怎么做。

就这样，长期以来，中国人形成了自己的礼貌和风俗传统。这种传统已经保存了几千年，而且还在不断地发展**完善**着。**不管**中国处在什么社会历史阶段，不管中国政治经济情况发展如何，中国人的这种礼俗制度总是**相对稳定**和受到尊重的。中国有着**相当**多的礼俗传统，这些虽然不是明确的法律和**义务**，但却**似乎**已经成了不**成文**的**约定俗成**的习惯和**观念**，人们必须认真努力地执行。不管是在古代还是在现代，不管是在中国还是在世界上其他任何一块土地上，只要是受到过中国传统文化影响的地方，人们总是遵守着中国文化的这些悠久而严格的礼仪要求。

中国人的礼貌和传统礼仪包括哪些方面呢？**具体**地说，中国传统文化要求读书人要尊老爱**幼**。读书人应该尊重长辈，爱护幼小，学习管理家庭和社会的经验。读书人年轻时要努力学习知识，有了知识以后仍然要谦虚谨慎，不要**轻易显示**自己的知识，更不要**随便发表**自己的意见，要永远记着"人外有人，天外有天"的道理。读书人学到知识以后，首先要严格要求自己，使自己成为其他人的**榜样**。除了有知识，读书人更要注重自己的道德**修养**。中国古代的社会道德要求读书人应该是社会的**栋梁**和**模范**。并

第一课 中国人的文化传统

且，在国家需要的时候，随时为国家效力，这就是孔夫子说的"修身、齐家、治国、平天下"。

中国传统礼俗要求老百姓听从当官的人说的话。尊重当官的人要像尊重自己的父母一样，因此，在中国历史上，人们总是把地方上的行政长官叫作"父母官"。而从另一方面，中国文化也要求当官的要爱护老百姓，把他们当作自己的家里人，要关心他们、照顾他们，在他们有困难的时候真心实意地帮助他们，把自己领导的老百姓当作自己的孩子一样来保护和关怀。因此，自古以来，中国人称赞一个好官时总是说他们"爱民如子"。

中国人的礼俗还提倡做人要诚实，对别人要有真心。中国的老百姓在和别人交往时常常喜欢说要"以心换心"。中国的礼俗要求经商的人要讲信用，对顾客"童叟无欺"，对所有的人都要客气，和气生财。中国人很重视交朋友，重视和别人建立"关系"。中国人喜欢帮助朋友，朋友之间的关系可以比亲兄弟还亲。中国人和别人相处时不只是看他们怎么说，更注重看他们怎么做。做，永远比说重要。

中国人讨厌虚伪和说谎的人。中国虽然是一个很讲究礼貌的礼仪之邦，但中国人却不喜欢一些过分的礼貌，他们往往觉得对家人和朋友没必

3

要太客气，如果太客气就显得有点儿"生分"或虚伪。好多中国人不太习惯西方人的那种客气。中国人在家里很少说"谢谢""请"等，中国的父母或长辈则更少跟晚辈说这类的话，虽然他们也很喜欢、很疼爱自己的孩子。

中国人很不喜欢说谎的人，如果有人对朋友说谎会很伤害朋友。朋友们在一起，如果有人做错了事，一般情况下别人都会原谅他。但如果有人故意做错或成心说谎，就很难得到别人的谅解。尽管如此，中国人一般都会给朋友留面子或改错的机会。如果一个人坚持不改自己的错误或继续犯错，那他可能就会失去友情了。中国人和别人绝交时往往并不表达很强烈的感情，对不诚实的人或不值得相处下去的朋友一般情况下不搭理他们就可以了。

中国人的礼俗要求在处理人和人之间的关系时能够宽容忍让、互相谅解。跟朋友相处不要斤斤计较，不要太聪明，特别是在花钱上要大方，中国人看不起吝啬的人。跟朋友出去玩儿或吃饭，走遍全世界，凡是需要花钱的时候你总能看到中国人在争着抢着付钱。中国人强调做人要厚道，认为吃亏是福，难得糊涂。

在和不认识的人相处的时候，中国人特别讲究礼貌，中国有句俗话说"礼多人不怪"。中国人讲究做人要谦逊，如果自己做错了事，应该首先向别人道歉，获得别人的谅解；即使别人做错了事，自己完全是对的，也要对犯错误的人客客气气，原谅别人，给他们改正错误的机会，这叫"有理让三分"。中国人不愿意感情太外露或太强烈地表达自己喜怒哀乐的情感，中国人强调一种修养的功夫。中国人认为，真正有本领的人不管遇到什么情况都应该显得从容不迫，不动声色，临危不惧，以柔克刚。只有没有本领的人才常常大喊大叫，随时表达自己的情感。

生词 New Words

1.	具有	具有	jùyǒu	动	有，存在 to possess, to have
2.	渊源	渊源	yuānyuán	名	根源，事物发生的本源 origin
3.	悠久	悠久	yōujiǔ	形	历史很长，时间很长 long time
4.	因而	因而	yīn'ér	连	因此，表示结果 thus, as a result
5.	则	則	zé	连	表示一种对比关系 however
6.	权威	權威	quánwēi	名	让人相信并服从的力量和威望，最有地位、最有影响的人或事物 authority
7.	完善	完善	wánshàn	形|动	完备而且良好；使完备良好 perfect; to consummate
8.	不管	不管	bùguǎn	连	不论怎样 no matter how
9.	相对	相對	xiāngduì	形	比较的，从比较而看出来的 relative, comparative
10.	稳定	穩定	wěndìng	形	稳固而且安定 stable
11.	相当	相當	xiāngdāng	副	非常，很 very, quite
12.	义务	義務	yìwù	名	法律或道德要求应该尽的责任 obligation, duty
13.	似乎	似乎	sìhū	副	好像，看上去 it seems, as if
14.	成文	成文	chéngwén	动	用文字记录并固定下来 to have written record
15.	观念	觀念	guānniàn	名	观点和想法 sense, idea, concept
16.	具体	具體	jùtǐ	形	明确的，特别的 detailed, concrete
17.	幼	幼	yòu		年纪小的 little, young
18.	轻易	輕易	qīngyì	副	随随便便 easily

19.	显示	顯示	xiǎnshì	动	明显地表示 to show
20.	随便	隨便	suíbiàn	形	不严肃的，没有经过认真思考的 casual, random
21.	发表	發表	fābiǎo	动	通过公开的形式表达自己的想法 to publish
22.	榜样	榜樣	bǎngyàng	名	有代表性意义或值得学习的人和事 role model
23.	修养	修養	xiūyǎng	名	一个人在理论、知识、技术、思想等方面达到一定的水平 accomplishment, self-cultivation
24.	栋梁	棟樑	dòngliáng	名	支撑屋顶的大梁，用来比喻担任国家重任的人物 ridgepole
25.	模范	模範	mófàn	名	可作为榜样或值得学习的人 model, fine example
26.	随时	隨時	suíshí	副	任何时候 at any time, at all times
27.	效力	效力	xiào lì		为别人做事或服务 to render a service to
28.	听从	聽從	tīngcóng	动	听别人的话并服从他们 to obey, to heed
29.	地方	地方	dìfāng	名	当地 local
30.	行政	行政	xíngzhèng	名	政府或公司的管理机构 administration
31.	真心	真心	zhēnxīn	名	真诚的心意 wholehearted, heartfelt
32.	关怀	關懷	guānhuái	动	关心 to show loving care for
33.	称赞	稱讚	chēngzàn	动	表扬和赞美 to admire
34.	提倡	提倡	tíchàng	动	建议、推行 to call for, to advocate, to promote
35.	信用	信用	xìnyòng	名	因诚实而得到别人的信任 credit
36.	叟	叟	sǒu		老头儿，老年男人 old man

37. 相处	相處	xiāngchǔ	动	和别人在一起工作或生活 to get along with
38. 注重	注重	zhùzhòng	动	注意并重视 to lay stress on, to pay attention to
39. 讨厌	討厭	tǎo yàn		不喜欢 to dislike
40. 虚伪	虛偽	xūwěi	形	不真诚，不实在 hypocritical, false
41. 说谎	說謊	shuō huǎng		说假话 to lie
42. 过分	過分	guòfèn	形	说话或做事超过一定的限度 excessive, undue
43. 生分	生分	shēngfen	形	感情淡薄，关系疏远 unfriendly, unfamiliar
44. 晚辈	晚輩	wǎnbèi	名	辈分低的人 young generation
45. 伤害	傷害	shānghài	动	使受到损害 to hurt
46. 故意	故意	gùyì	副	有意识地 purposely
47. 成心	成心	chéngxīn	副	故意地，有意识地 intentionally
48. 谅解	諒解	liàngjiě	动	原谅和理解 to understand, to make an allowance for
49. 留面子	留面子	liú miànzi		不让别人感到不好意思 to save face
50. 绝交	絕交	jué jiāo		断绝关系 to cut off the relationship
51. 搭理	搭理	dāli	动	和别人说话或建立关系 to respond, to answer
52. 忍让	忍讓	rěnràng	动	容忍退让 to tolerant
53. 大方	大方	dàfang	形	对财物不在乎，不小气 generous
54. 吝啬	吝嗇	lìnsè	形	小气，不舍得财物 stingy
55. 厚道	厚道	hòudao	形	对人很善良 honest and kind

56. 吃亏	吃虧	chī kuī		受损失，处于不利的地位 to suffer losses, to come to grief
57. 糊涂	糊塗	hútu	形	不清醒，不明白事理　muddled, confused
58. 俗话	俗話	súhuà	名	口语，日常说的话　common saying
59. 谦逊	謙遜	qiānxùn	形	谦虚，客气　modest, unassuming

习惯用语和特殊表达用语

1. **文质彬彬**：形容一个人文雅而又懂礼貌。

   ［文］有修养，懂礼貌。［彬彬］文雅的样子。

   （1）中国传统文化要求一个读书人应该有修养，除了有知识外，还要对人和气，文质彬彬。

   （2）小李是一个很懂礼貌的人，他平时尊重长辈和老师，对别人也很和气，看上去文质彬彬的，大家都很喜欢他。

2. **温良恭俭让**：温和、善良、恭敬、节约、忍让。

   （1）温良恭俭让是中国传统文化的一个特点，在现代社会有很多人仍然认为这是一种美德。

   （2）张老师说西方社会是一个强调独立性和个人奋斗的社会，中国读书人传统所提倡的温良恭俭让的风格在那儿是吃不开的。

3. **约定俗成**：某种社会行为习惯或事物名称是由人们经过长期实践或风俗而认定或形成的。

   （1）在日常生活中，男左女右好像约定俗成地渗透到了社会生活的各个方面。

（2）在传统的中国社会里，父母总是喜欢给自己的孩子包办婚姻，这种约定俗成的习惯在中国流行了几千年。

4. 修身、齐家、治国、平天下：严格要求自己，管理好自己的家庭，学好知识，并利用自己的知识管理社会、治理国家，为人类创造和平。

［修］训练，使有修养。［齐］管理，使整齐。［平］使公平、和平。

（1）孔子对古代中国知识分子的要求是要他们修身、齐家、治国、平天下。

（2）修身、齐家、治国、平天下曾经是中国传统知识分子的政治理想，而后来一些人当官的目的却是为了有权有钱。

5. 爱民如子：对老百姓非常爱护，就像对自己的孩子一样。

（1）在中国古代社会，老百姓的理想就是能遇到爱民如子的好官。

（2）美国社会不提倡爱民如子的习惯，他们认为当官是应该为老百姓服务的。

6. 以心换心：善良平等地对待别人，用对别人的爱来获得别人对自己的爱和尊敬。

（1）不管是在过去还是在现代，不管是在中国还是在外国，在和别人交往时我们认为只有诚实友爱，以心换心，才能交到真正的好朋友。

（2）美国人交朋友也提倡以心换心，平时你怎么对待别人，别人也怎么对待你。

7. 童叟无欺：诚实地做生意，不欺骗任何人，包括老人和小孩儿。

［叟］老年男人。［欺］欺骗，欺负。

（1）这家商店的衣服质优价廉，童叟无欺，大家都喜欢在他家买衣服。

（2）童叟无欺的商业道德，无论在何时，都应该得到真正的发扬和提倡。

8. 和气生财：做生意时对买东西的人客气、礼貌，使顾客愿意买你的东西，从而可以赚很多钱。

（1）老刘开了个饭馆儿，他不仅饭菜做得好，而且懂得和气生财，很快他家的饭馆儿有了不少回头客。

（2）这个公司过去做生意往往只注重和气生财，不太注重管理方法，现在学习了现代商业管理方法，在经营上有了很大的进步。

9. 斤斤计较：形容太喜欢计较小的利益或者一些并不重要的小事情。

（1）大卫看上去很聪明，但他和朋友在一起相处时总是斤斤计较，从来不吃亏，后来朋友们慢慢地都疏远了他。

（2）他是个宽宏大量的人，不会在这点儿小事上斤斤计较的。

10. 吃亏是福：在某些方面受损失或遇到不利的情况并不是坏事，反而可以从中学到知识和经验，或者通过吃亏而避免更大的损失。

（1）生活中之所以说"吃亏是福"的原因之一就是，吃亏的人往往都是大度宽容的人，这样的人会被大部分人喜欢和认可，最终会获得好的回报。

（2）现代的年轻人已经不再相信"吃亏是福"的观念，他们提倡做事要学会自我保护。

11. 难得糊涂：能做到不计较小事（不烦恼、不忧愁），对一个人来说，是很不容易的。

（1）白教授搞起研究来非常认真，但他在日常生活中从来不跟别人计较小事，他常常说："做人要难得糊涂。"

（2）亨利认为在美国做人、做事都应该认真，他不同意爸爸所说的"在社会上应该事事忍让、难得糊涂"的观点。

12. 礼多人不怪：即使礼节过分，也不会受到责怪，意思是礼节不可欠缺，应该有礼貌。

（1）我的中国同学常常告诉我："到了中国见到老人要先问好，反正礼多人不怪嘛，你尊重别人，别人一定会尊重你。"

（2）很多西方人不同意"礼多人不怪"的说法，他们认为有时候礼貌太多会让人觉得不舒服，甚至有一种虚伪的感觉。

13. **有理让三分**：即使你完全是对的，也应该有礼貌地对待别人，对待对方客气一些。
    （1）有理让三分是中国的传统美德，但现在有些年轻人认为这种观念太陈旧了。
    （2）妈妈总是告诉他在外面要小心，别得罪人，对人要客气，遇事要有理让三分。

14. **从容不迫**：说话或处理事情时不紧张、不慌不忙的样子。
    （1）有的人平时看起来很有修养，但真正遇到问题时就很难做到从容不迫了。
    （2）老张真是一个很有社会经验的人，他连撒起谎来都能做到从容不迫。

15. **临危不惧**：遇到非常危险的情况时不害怕、不慌张。
    ［惧］害怕。
    （1）一个人平时勇敢算不上真正的勇敢，只有在遇到预料不到的紧急情况时能够做到临危不惧，才能算作真正的勇敢。
    （2）简·爱（Jane Eyre）是一个让人佩服的女子，她平时看上去很温柔，可是遇到危险时能够临危不惧，她是我喜欢的一个文学人物。

16. **以柔克刚**：用温和的方法来对付强硬的对手，解决难以解决的问题。
    类似这种结构的词还有：以牙还牙／以卵击石／以德报怨／以暴易暴／以不变应万变。
    （1）中国古代的哲学家老子提倡回归自然、以柔克刚的哲学主张。
    （2）中国武术不主张以力抗力，而是主张以柔克刚。

句型和词语操练

- **具有**

  1. 这个工作要求申请人必须具有大学本科学历。
  2. 凡是具有五年以上工作经验的人_____
  _____。
  3. 如果一个人具有了能够看懂别人内心世界的能力，_____
  _____。

- **因而**

  1. 美国最近几年经济情况不太好，因而很多大学生毕业以后找不到工作。
  2. 昨天整个纽约市的地铁都出了问题，因而_____
  _____。
  3. 他本来应该坐前天早上的飞机回国，可是他睡过了头，错过了起飞时间，因而____
  _____。

- **则**

  1. 中国的传统礼法要求读书人要懂礼守法，老百姓则要尊敬读书人，向他们学习。
  2. 虽然你们都认为这种牌子的计算机很好，_____
  _____。
  3. 你买一点儿吃的东西就可以了，_____
  _____。

- **不管……，不管……**

  1. 不管你喜欢不喜欢计算机，不管你愿意不愿意学计算机，如果你没有掌握一定的计算机知识，你就找不到工作。

第一课　中国人的文化传统

2. 不管你爱不爱吃中国菜，不管_____
_____。

3. 不管美国和中国的关系好不好，不管_____，
_____。

• 相当（V/Adv./Adj.）

1. 有的中国人认为大学校长的职务相当于一个市长的职务。(V.)

2. 听说海豚是很聪明的动物，它们的智力相当于_____。

3. 大卫说这两个人的能力相当，可是我觉得第二个人更聪明一些。(V.)

4. 他们俩年纪_____。

5. 有人说这部电视剧相当好看，可是我一点儿都不喜欢看。(Adv.)

6. 这部电影拍得相当_____。

• 似乎

1. 虽然这辆车看上去不错，但似乎不值那么多钱。

2. 他虽然看上去很高兴，但似乎_____
_____。

3. 他看上去似乎有点儿不高兴，但实际上_____
_____。

• 具体地+V

1. 对这个问题我们不能轻易地做决定，应该具体地分析一下儿。

2. 其实，这件事如果我们具体地想一想就会明白，_____
_____。

3. 这个问题很难解释清楚，但是如果你不具体地说清楚，_____
_____。

• 随时

1. 你不必跟我客气,遇到问题随时给我打电话就行。

2. 老张虽然说她随时都可以帮助我,可是现在是半夜,_____
_____。

3. 他说他喜欢住在纽约的一个原因是他随时都能够_____。

• 真心实意(诚心诚意)

1. 你必须真心实意地对待别人,别人才能真心实意地对待你。

2. 人家真心实意地请你,你就_____。

3. 他已经诚心诚意地向你道歉了,_____。

综合练习

一、根据课文内容,回答下列问题

1. 中国人是如何形成自己的礼貌和风俗传统的?
2. 中国人为什么要求年轻人尊重老年人,听老年人的话?
3. 中国的传统文化对读书人有些什么样的特殊要求?
4. 为什么古代的中国人把地方上的行政长官叫作"父母官"?
5. 中国礼俗对经商的人有什么要求?
6. 中国人与家人相处时常常说"谢谢""请"吗?为什么?
7. 什么是中国人说的"面子"?中国人为什么那么讲究"面子"?别的国家的人也那么讲究"面子"吗?
8. 为什么中国人常常说"吃亏是福""难得糊涂"?

二、用下列词语造句

1. 自认为：_____
2. 因而：_____
3. 相对：_____
4. 轻易：_____
5. 关怀：_____
6. 提倡：_____
7. 信用：_____
8. 注重：_____
9. 过分：_____
10. 成心：_____

三、找出下列每组词中的同义词

- 具有　　　　有　　　　　具体　　　　享受
- 因而　　　　而且　　　　因此　　　　因为
- 悠久　　　　历史　　　　悠长　　　　历来
- 相对　　　　相当　　　　相同　　　　相等
- 轻易　　　　容易　　　　随便　　　　轻松
- 榜样　　　　模范　　　　栋梁　　　　范例
- 修养　　　　培养　　　　素质　　　　保养
- 随时　　　　及时　　　　马上　　　　有时
- 关怀　　　　关心　　　　想念　　　　怀疑
- 称赞　　　　称呼　　　　表扬　　　　喜欢
- 提倡　　　　建议　　　　对待　　　　倡议

- 注重　　　　重视　　　　关注　　　　关怀
- 故意　　　　成心　　　　诚心　　　　随意
- 厚道　　　　忠厚　　　　道德　　　　交道
- 忍让　　　　谦让　　　　大方　　　　态度

四、选词填空

> 轻易　　稳定　　具有　　相当　　称赞　　因而
> 似乎　　自认为　　故意　　随便　　注重

1. 凡是_____大学本科学历的人都能申请这个工作。

2. 虽然白丽_____她很聪明，可是每次大家都能看出她的想法。

3. 刘一民整整一个学期学习都很努力，_____这个学期末他取得了很好的成绩。

4. 最近几年美国的经济情况不太_____，今年下半年会好一些，对吗？

5. 做这件事需要花费_____多的时间，我看你还是别做了。

6. 孙老师从来不_____表扬人或批评人，今天她生了这么大的气，我想一定是有原因的。

7. 我觉得张老师的话虽然听起来像是在_____你，可是仔细想想里面_____也有批评的意思。

8. 我们不只是要看他怎么说，更要_____看他怎么做。

9. 他说话一直都很_____，从不考虑别人的感受。

10. 虽然他说他从来都不会成心伤害别人，可是我总觉得他这样做是_____的。

五、用括号里的词语改写句子

1. 小刘是学习中国历史的,她在这方面的知识很丰富,你有什么问题都可以去请教她。(因而)

2. 虽然小李觉得他在计算机方面很有两下子,可是别人都认为他的计算机水平一般。(自认为)

3. 沙丽几乎从来都不主动告诉别人她的看法,有的人说她这样做很聪明,有的人说她这样做会失去朋友。(轻易)

4. 她说她实在不喜欢小白,就是小白再有钱、工作再好她也不愿意嫁给他。(不管……,不管……)

六、写作练习

1. 用一句话来总结出课文中每一个段落的意思。
2. 用三句话来概括(gàikuò, summarize)出这篇课文的主要内容和观点。
3. 写一篇短文谈谈你所了解的中国文化的传统。
4. 作文:《我所认识的中国人》

第二课 "文化"从哪儿来

"文化"这个词，中国人不觉得它是个**抽象**的大道理，而是指一个人的修养和行为。如果一个人懂道理、有礼貌、守规矩，做事情公平，大家会**赞扬**他是个有文化的人。如果一个人**粗鲁**不讲理，做事情不尊重社会风俗，大家就会说他"没文化"。

但是，"文化"这个词在西方的意思不是这样的。在西方，文化是一种理论，它是研究人类社会和人的行为的科学。20世纪有的学者研究发现，在西方，"文化"这个词有160多个**定义**呢！但在中国，人们对它的解释要明白和清楚得多。

很多中国人认为文化就是一个人的教育和修养。这一点，有点儿像西方人说的"文明化"这个词的意思，但又不完全相同。

中国古人最早说"文化"的意思是指教育。用什么去教育呢？用文明，也就是说用正确的道理和知识去教育不懂道理和没知识的人叫"文化"。在这里，"文化"是一个动词。它的意思是，用"文"去改造、教育那些不"文"的人，使他们变（化）得更加文明、更加懂道理。古人把这个过程简单地称为"以文**教化**"。这种教化的结果叫作"文治"。如果"文治"不成功，就要用法律和军队来解决问题了，这就叫"**武功**"。用武就会出现战争和灾难，所以古人希望用文化的方法教育人、统治国家。

中国古代的思想家、教育家有很多关于教育和怎样教育人的书，最有名的就是孔子和孟子的著作。孔子、孟子提出了"先教育读书人并让读书人当官,再通过读书人管理政府来创造好的社会,并让老百姓都过上好日子"的教育理论。这是他们关于教育的理想。孔子的想法受到了皇帝和统治者的赞成和支持，所以，两千多年来，中国人的文化和礼貌都跟孔子思想有关系。

总的来讲，孔子关于教育和文化的思想是成功的。看看中国的历史，我们就会知道中国的传统思想跟他所提倡的道德和想法有关。中国人正是按照孔子的说法创造了自己的伦理和礼貌标准。后来，这个标准成了中国老百姓的风俗和生活的基本准则。

但是，文化是变化的，它随着社会的发展而产生变化。中国的礼貌传统历史悠久，可是在现代社会，它遇到了新问题。在中国古代，有些传统和礼貌是对的，但到了今天我们就会发现它有问题。比如说，中国古代传统对女性有着种种约束，如不准女孩子上学读书、不准她们参加社会活动和工作，这些都是错误的。

另外，中国古代关于社会和家庭的很多传统习惯也受到了批评。比如说，过去传统要求老百姓无条件听从皇帝和统治者的话，即使他们说错了也要听，这显然不对。在家里，过去长辈可以决定孩子们的生活、工作和婚姻等一切问题，甚至不需要征求他们的意见就可以替他们做主。这些风俗今天也早就行不通了。

除了这些大的方面外，在日常生活方面，中国的传统也在悄悄发生改变。在今天，很多中国的古老习俗都变了，有些过去的礼节现在也没有了。比如说，在过去，中国老百姓初次见面时喜欢互相问年龄，也喜欢互相打听各自的收入和婚姻情况，现在这种习惯已经改了。如果一个人问别人的年龄和收入会被认为是粗鲁和不礼貌的行为，这样的行为肯定会被看成"没文化"。

另外，过去大家称呼别人"老"是礼貌，因为中国传统有尊老的习俗。但是现在很多人怕被称"老"。有的老人不喜欢被叫作"老爷爷"或"老奶奶"；中年人也怕被叫"伯伯""伯母"，而喜欢被称呼为"叔叔""阿姨";甚至有的中年女性怕被叫作"阿姨",而喜欢让年轻人叫她"姐姐"。

为什么会发生这样的变化呢?首先因为时代改变了。中国古代曾经是**奴隶制**和**封建制**社会,那时候的道德观念显然不再适应今天的社会。其次,老百姓的风俗也在变化。随着政治、经济和社会生活的改变,人们很多的观念发生了变化,甚至过去对的东西今天就成了错的。再次,文化之间也互相影响。现在,随着科技进步和通讯发达,世界变小了,整个人类社会变成了**地球村**。中国人每天都看到全世界发生的各种各样的事情,别的国家的风俗也会影响到今天中国人的生活。

我觉得,这种文化的变化是件好事。中国的传统是来自古代,但毕竟,孔子是两千多年以前的人。他的想法在他的时代是最好的,但是在两千多年以后的今天当然需要**调整**和改变。孔子是个很聪明而且很有修养的人,如果他看到了今天世界的变化,我相信,他一定会很高兴地改变他自己的想法,会同意按照今天的风俗调整他的一些观点。

生词 New Words

1.	抽象	chōuxiàng	形	abstract
2.	赞扬	zànyáng	动	to speak highly of, to compliment, to praise
3.	粗鲁	cūlǔ	形	rude, rough
4.	定义	dìngyì	名	definition
5.	教化	jiàohuà	动	to educate, to civilize, to moralize
6.	武功	wǔgōng	名	military accomplishments
7.	伦理	lúnlǐ	名	ethics, moral principles

8.	准则	zhǔnzé	名	standard, criterion, norm
9.	约束	yuēshù	动	to constraint, to restrain
10.	显然	xiǎnrán	形	obvious, evident
11.	征求	zhēngqiú	动	to ask for, to solicit
12.	悄悄	qiāoqiāo	副	quietly, secretly, silently
13.	奴隶制	núlìzhì	名	slavery, helotism
14.	封建制	fēngjiànzhì	名	feudalism
15.	地球村	dìqiúcūn	名	global village, earth village
16.	调整	tiáozhěng	动	to adjust, to rectify, to regulate

Exercise One: Remembering Details

细读本文，指出下列句子提供的信息是对的还是错的。如是错的，请改成正确的答案

1. 中国人认为文化是个抽象的大道理。　　　　　　　　　　　（　　）
2. 西方人认为文化是一种理论和科学。　　　　　　　　　　　（　　）
3. 中国古人认为文化教育不如用法律和军队解决问题有意义。（　　）
4. 孔子和孟子都主张先教育读书人，然后再让读书人管理国家、教育百姓。　　　　　　　　　　　　　　　　　　　　　　　　　　（　　）
5. 孔子和孟子的观点受到了皇帝的支持，但是老百姓反对。　（　　）
6. 有些中国古代的传统不符合今天的道德，需要改造。　　　（　　）
7. 过去中国人要无条件服从皇帝的统治。现在没有皇帝了，所以大家也不需要听从长辈的话了。　　　　　　　　　　　　　　　　　（　　）
8. 按照中国过去的传统，见面时问候别人的年龄、收入和婚姻情况是不礼貌的。　　　　　　　　　　　　　　　　　　　　　　　　（　　）

9. 按照传统，中国人可以称呼男人"老"，但不能称呼女人"老"。　　（　　）

10. 现在中国人风俗传统改变的一部分原因是受到了别的国家风俗习惯的影响。　　（　　）

11. 中国人的风俗习惯太古老，应该改变，但是这种改变可能会让老百姓变得不尊重孔子。　　（　　）

Exercise Two: Analyzing Ideas

根据文章内容，选择正确的答案

1. 中国人不觉得"文化"这个词是个抽象的大道理，而是指_____。
   A. 生活方式　　　　　B. 个人的修养和行为　　C. 社会风俗

2. 西方对文化的看法跟中国人不太一样，他们认为文化_____。
   A. 指规矩和道理　　　B. 指人的修养　　　　　C. 是一种理论

3. 中国古人最早理解"文化"的意思是指_____。
   A. 文明　　　　　　　B. 教育　　　　　　　　C. 改造

4. 在今天，中国文化变化了，引起它变化的原因是_____。
   A. 遇到了新问题　　　B. 礼貌传统历史悠久　　C. 女性解放了

5. 现在很多年纪大的人不愿意被称"老"，因为他们认为称呼别人"老"_____。
   A. 是尊重别人的做法　B. 是不礼貌的行为　　　C. 没文化

6. 本文作者认为文化变化是一件好事，因为_____。
   A. 社会在不断发展　　B. 孔子喜欢变化　　　　C. 中国传统太老

Exercise Three: Synonyms

根据上下文的意思，找出句中加点词的同义词

1. 如果一个人懂道理、有礼貌、守规矩，做事情公平，大家会赞扬他是个有文化的人。（　　）
   A. 认为　　　　　　　B. 夸奖　　　　　　　　C. 觉得

2. 看看中国的历史，我们就会知道中国的传统思想跟他所提倡的道德和想法有关。
（　　）
   A. 倡导　　　　　　B. 同意　　　　　　C. 重视

3. 后来，这个标准成了中国老百姓的风俗和生活的基本准则。（　　）
   A. 标准　　　　　　B. 准备　　　　　　C. 学问

4. 中国古代传统对女性有着种种约束，如不准女孩子上学读书、不准她们参加社会活动和工作，这些都是错误的。（　　）
   A. 法律　　　　　　B. 限制　　　　　　C. 理论

5. 过去长辈可以决定孩子们的生活、工作和婚姻等一切问题，甚至不需要征求他们的意见就可以替他们做主。（　　）
   A. 同意　　　　　　B. 请求　　　　　　C. 问一问

6. 如果一个人问别人的年龄和收入会被认为是粗鲁和不礼貌的行为。（　　）
   A. 粗野　　　　　　B. 太粗心　　　　　C. 穷苦

Exercise Four: Discussion Questions

讨论下面的问题

1. 请你谈谈为什么中国人和西方人对于"文化"的理解不一样。
2. 文化和教育有什么关系？请你谈谈中国古人是怎样解释"文治"和"武功"的。
3. 古代的中国人为什么尊重读书人？你同意孔子关于教育的说法吗？
4. 中国古代的传统和礼貌有没有问题？对于这些传统，你赞同哪些？不赞同哪些？
5. 请你谈谈在日常生活中，现代中国人的礼貌习惯有哪些变化？
6. 你觉得中国人的传统在今天应不应该改变？为什么？

第三课　"面子"的昨天和今天

有人说中国人非常要面子，中国人做什么事情都要面子，他们怕被人看不起。如果你尊重他，给他"面子"，中国人就很愿意为你帮忙，甚至有时候在经济上或其他方面吃亏他们也乐意帮你；如果你不给中国人面子或让他们丢脸，那么，即使有很大的利益或者有便宜可以赚，中国人也不会跟你合作。

知道了中国人的这个秘密，很多外国人在和中国人打交道时会注意面子的问题。一般情况下，熟悉中国文化的外国人会留心不伤害中国人的自尊心；而更了解中国文化的人则会有意识地给中国人留面子或迎合他们要面子的心理来达到自己的目的。

很多年前，我们曾经讨论过这个话题。随着今天中国文化和经济发展的变化，我们发现中国人"爱面子"的观念也发生了很大的变化。那么，让我们来看看，这种"面子"观念在哪些方面有保留，哪些方面又改变了呢？

第一，在一般社会交往中，中国人还是比较喜欢请客送礼，喜欢热情待客。中国人有尊敬老人、尊敬权威的传统，他们常常创造机会请客。中国人仍然比较喜欢吃饭喝酒，并在饭桌上以轻松的态度谈论严肃的业务问题。他们认为，在吃饭喝酒时往往气氛比较轻松，容易增进友情，减少冲突。此外，中国人认为喝酒也是交朋友的一种方式，在喝酒的这种场合中可以把生意上的同事或对手变成朋友。除了请客外，送礼也是中国人喜欢的方式。一般来讲，送礼除了给对方好处外，还显示出了对对方的尊重，表示给对方面子。如果有的人拒绝别人请客又拒绝收礼，人们就往往以为他不给面子或不通人情。

第三课 "面子"的昨天和今天

第二，在过去，有些中国人喜欢表现自己，喜欢表示自己有钱。我们在饭店常常可以看到中国人吃饭付账时吵吵嚷嚷争着付钱。这一方面反映了中国人比较大方，喜欢为亲友花钱；另一方面也反映了中国人喜欢表示自己有钱、自己日子过得比较富裕。但是，这种现象在今天已经有了改变。比如说，现在争抢着付账多是发生在中老年人那里，而中国的年轻人已经比较习惯大家聚会时实行AA制或者轮流付账的形式，不再为这样的事情争吵。因为现在大家的经济状况都比较好了，亲戚或朋友团聚时更在乎的是享受亲情和友情。当每个人都有能力付账时，付账已经不再是个抢面子的事情了。

第三，在过去，有的中国人比较虚荣，喜欢攀比、购买名牌儿等。在三四十年前，甚至有人买了名牌儿衣服舍不得拆下上面的商标，用这个来炫耀他们可以花很多钱买很贵的东西。但是现在这种现象早就改变了。今天大部分人都能够买得起优质的或者名牌儿产品，因此，人们已经不再需要用买名牌儿或炫耀名牌儿来证明自己。在今天的社会，人们开始更加注重自己的生活质量而不再迷信名牌儿。比如说，人们不再炫耀去有名的饭店吃饭，而是选择购买自己喜欢的有机食材，学习自己烹调可口的美食来跟亲人和朋友共享。

第四，在过去，有些中国人喜欢展示自己优越的生活方式来获得社会的尊敬。比如，有些人喜欢通过买豪华住宅和名车、到有名的地方旅游等来显示自己社会地位尊贵。这种现象现在也有了改变。在今天，人们早已在经济上满足了"温饱"的需求，而买名牌儿也不再是大家追求的目标。当物品的价格不再跟"面子"捆绑在一起，人们就开始更加注重内心感受。比如说，现在人们购买住房开始更加注重自己的需求和舒适度；购买衣物不再只盯着名牌儿，而更加关注它的材质和式样。同样，买车时也要考虑到空间、油耗和自己的家庭需求等因素。另外，现在人们在选择旅游地点时，也更加关注对旅游目的地的文化、风光和环境的喜爱，而不再是**一窝蜂**地只求到著名的景点"到此一游"了。

中国文化已经发展了几千年，中国人爱面子的传统也存在几千年了。通过上面的情况对比我们可以看出来，中国人爱面子的心理也在随着社会和文化的发展不断地改变。最近几十年来中国的经济发展越来越好，人和人之间的关系也在变化。特别是在花钱和消费这些过去讲面子的问题上，老百姓也渐渐把消费跟关爱环境、**个性化**的舒适和休闲结合在一起。另外，如果大家在花钱上不再攀比、不再那么只追求品牌，而转向更加注重自己的内心享受，面子问题也就没有那么重要了。

从对"面子"这个话题的昨天和今天的对比上，我们可以看出，今天的中国人在生活和消费方面更加自信，一般人已经不再像过去那样只讲究虚荣和面子了。

生词 New Words

1.	面子	miànzi	名	face, reputation, prestige
2.	自尊心	zìzūnxīn	名	self-esteem, pride, self-respect
3.	业务	yèwù	名	professional work, business
4.	气氛	qìfen	名	atmosphere, ambience
5.	冲突	chōngtū	动	to conflict, to clash
6.	场合	chǎnghé	名	occasion, situation
7.	通人情	tōng rénqíng		worldly-wise
8.	付账	fù zhàng		to pay the bill, to pay for

9. 富裕	fùyù	形	affluent, rich
10. 轮流	lúnliú	动	in turn, to take turns
11. 攀比	pānbǐ	动	to compare unrealistically, to compare with the higher
12. 名牌儿	míngpáir	名	famous brand
13. 舍不得	shěbude	动	to hate to part with, to grudge
14. 商标	shāngbiāo	名	brand, trademark, label
15. 炫耀	xuànyào	动	to show off, to flaunt
16. 迷信	míxìn	动	to fetishize
17. 有机	yǒujī	形	organic
18. 食材	shícái	名	original materials of food, ingredient
19. 烹调	pēngtiáo	动	to cook
20. 共享	gòngxiǎng	动	to enjoy together, to share
21. 优越	yōuyuè	形	superio, advantageous
22. 豪华	háohuá	形	luxury, luxurious, sumptuous
23. 温饱	wēnbǎo	名	subsistence level, having only adequate food and clothing
24. 捆绑	kǔnbǎng	动	to bind
25. 舒适度	shūshìdù	名	degree of comfort
26. 盯	dīng	动	to stare at, to be glued to, to gaze at
27. 材质	cáizhì	名	materials, textures
28. 油耗	yóuhào	名	oil consumption, fuel consumption

| 29. 一窝蜂 | yīwōfēng | 副 | swarm of, swarm into |
| 30. 个性化 | gèxìnghuà | 动 | to personalize, to individualize |

Exercise One: Remembering Details

细读本文，指出下列句子提供的信息是对的还是错的。如是错的，请改成正确的答案

1. 要面子是中国文化的一个重要特点，跟中国人交往时应该注意这一点。（　　）
2. 面子跟中国人的自尊心有关。如果你让中国人丢脸，中国人可能会不和你做生意。（　　）
3. 中国人喜欢请客送礼，但他们只喜欢请老年人。（　　）
4. 中国人常常喜欢吃饭喝酒时谈生意，他们觉得这时气氛比较轻松，容易增进感情。（　　）
5. 如果拒绝中国人的礼物，也拒绝跟他们吃饭，往往会被认为不友好。（　　）
6. 过去中国人吃饭时往往喜欢争抢着付钱来表示大方或者有面子，现在这种情况已经改变了一些。（　　）
7. 现在的中国人已经不像过去那样喜欢购买名牌儿产品了，因为名牌儿的产品太贵了。（　　）
8. 因为温饱问题早已解决了，所以大家开始更注重自己的需要，对面子也没有以前那样看重了。（　　）
9. 跟很多年前相比，在今天，中国人在"面子"问题上的观点有了很大的变化。（　　）
10. 随着中国文化不断地向前发展，以后大家就一定都不会再关心面子的问题了。（　　）

Exercise Two: Analyzing Ideas

根据文章内容，选择正确的答案

1. 中国人爱面子是因为_____。
   A. 怕吃亏   B. 怕被人看不起   C. 喜欢做生意

2. 这篇文章说中国人要面子的情况改变了，是因为_____。
   A. 时代变化了   B. 中国人没有钱   C. 中国人钱太多

3. 过去中国老一代人喜欢抢着付账，现在年轻人喜欢_____。
   A. 不付账   B. 轮流付账   C. 争吵着付账

4. 过去有些人很注重名牌儿，现在大家对名牌儿的态度是_____。
   A. 跟人共享   B. 喜欢炫耀   C. 不再迷信

5. 这篇文章的作者认为_____中国人爱面子的想法。
   A. 应该提倡   B. 应该理解   C. 应该反对

Exercise Three: Synonyms

根据上下文的意思，找出句中加点词的同义词

1. 他们认为，在吃饭喝酒时往往气氛比较轻松，容易增进友情，减少冲突。（   ）
   A. 景象   B. 周围   C. 氛围

2. 此外，中国人认为喝酒也是交朋友的一种方式，在喝酒的这种场合中可以把生意上的同事或对手变成朋友。（   ）
   A. 环境   B. 经验   C. 合作

3. 如果有的人拒绝别人请客又拒绝收礼，人们就往往以为他不给面子或不通人情。
   （   ）
   A. 做生意   B. 懂道理   C. 交朋友

4. 中国的年轻人已经比较习惯大家聚会时实行AA制或者轮流付账的形式。（   ）
   A. 随便   B. 轮换   C. 争抢

5. 在过去，有的中国人比较虚荣，喜欢攀比、购买名牌儿等。（　　　）

　　A. 看不起　　　　　　B. 羡慕　　　　　　C. 比较

6. 在过去，有些中国人喜欢展示自己优越的生活方式来获得社会的尊敬。（　　　）

　　A. 良好　　　　　　　B. 传统　　　　　　C. 昂贵

Exercise Four: Discussion Questions

讨论下面的问题

1. 在这篇文章中，作者主张应该不应该给中国人留面子？为什么？
2. 根据课文，这些年来中国人关于面子的传统观念有了哪些变化？请举一些具体的例子来说明。
3. 你觉得中国人喜欢吃饭喝酒和送礼物的习俗有没有道理？为什么？
4. 你喜欢买名牌儿产品吗？你觉得买名牌儿产品有没有意义？
5. 根据课文中说的，现在中国人在"爱面子"问题上发生变化的原因是什么？你觉得这样的变化好还是不好？
6. 别的国家和文化里有没有"爱面子"的现象？请你举例子来说明。

第四课　请客吃饭与面子问题

据《北京日报》报道，北京的一家很有名的大饭店最近因为实行了一种新的经营方式而受到了顾客的欢迎，使他们的顾客越来越多，生意越来越好。这种新的经营方式就是提醒顾客别大吃大喝，别在饭店花太多的钱、点太多的酒和菜，别太浪费。

刚刚看到这个报道，我们会觉得有点儿奇怪。大家都知道，开饭店的一个主要目的就是赚钱，所以很多饭店都是想尽办法劝客人多点昂贵的菜、多喝高价的酒、多花钱。这家饭店为什么要劝客人少花钱呢？他们这样做还能赚到钱吗？

报纸上的报道回答了我们的疑问。实行了新的方式以后，这家饭店不但赚到了更多的钱，而且吸引了更多的顾客。这到底是为什么呢？原来，这家饭店充分研究了顾客的心理，用劝顾客少浪费、少点多余的菜的办法受到了顾客的尊敬和喜爱。

根据传统的中国风俗习惯，以前中国人请客的时候往往喜欢点很多菜，而且点贵菜、买好酒。主人请客人吃饭时花钱一定要大方，准备的东西一定要充足，要剩下很多，这样才显得主人热情好客、会办事。如果点的菜正好或剩下很少，即使所有的人都吃得很饱、很舒服，主人也会觉得不好意思。过去中国人请客往往显得非常大方，他们往往为了请一次客而花掉自己半个月甚至一个月的工资。正是因为有着这样的传统习惯，中国人请客的时候往往会准备很多很多的饭菜，有时请五个人吃饭，准备的饭菜十个人都够吃了！

因为准备的食物太多，吃不了往往就浪费了。由于中国人有请客吃饭的习惯，这么大的国家，这么多的人口，请客的人当然很多，这样，中国人每年在这方面的浪费是很惊人的。

中国人请客吃饭这么浪费，其实他们自己也不是不心疼，只是因为这已经是中国很多年的习惯和传统，大家只是沿袭了这种习惯和传统。这家饭店正是看准了中国人的这种心理，因此在这方面做文章来赢得顾客的尊重和欢迎。

这家饭店想了些什么样的办法呢？

首先，在这里吃饭时，饭店服务人员会主动提醒客人适量点菜，并指导顾客点菜，做到点的菜又好吃又不浪费，既少花钱又不失面子。其次，对吃完了所点的菜的客人给予奖励，赠送他们优惠卡、餐券或食品等。

这种方式受到了顾客的赞扬和热烈欢迎。根据饭店的统计，现在，虽然客人的人均消费有所下降，但因为这个方法让顾客省了钱又有面子，顾客感到亲切、可信、放心，顾客满意了，回头率高了，赢利当然也就高了。

这家饭店研究和了解了顾客的消费心理，既方便顾客、减少了浪费，又增加了自己的营业额，同时也改变了传统的不良习惯。这种方法值得我们学习。

当然，中国人请客吃饭的这种方式早已随着社会的发展而产生了很大的变化。现在中国人请客吃饭早已不再是以前的那种大手大脚过度消费的行为方式了，而是一种理性消费，节约意识也早已深入人心。

生词 New Words

1.	昂贵	ángguì	形	expensive, costly
2.	多余	duōyú	形	unnecessary, surplus, superfluous

3.	充足	chōngzú	形	sufficient, abundant, plenty
4.	惊人	jīngrén	形	astonishing, amazing
5.	心疼	xīnténg	动	to love dearly
6.	做文章	zuò wénzhāng		to make an issue of, to make a fuss about sth.
7.	适量	shìliàng	形	appropriate amount
8.	奖励	jiǎnglì	动	to encourage and reward, to award
9.	优惠卡	yōuhuìkǎ	名	preferential card, favorable card, coupon
10.	人均消费	rénjūn xiāofèi		per capita consumption
11.	回头率	huítóulǜ	名	percentile of the consumers returning back
12.	赢利	yínglì	动	to profit, to gain
13.	大手大脚	dàshǒu-dàjiǎo		extravagant, wasteful
14.	理性	lǐxìng	形	rational

Exercise One: Remembering Details

细读本文，指出下列句子提供的信息是对的还是错的。如是错的，请改成正确的答案

1. 这家饭店提醒顾客大吃大喝，所以赚了很多钱。　　　　　　　　　（　　）
2. 这家饭店劝客人不要浪费，受到了顾客的欢迎。　　　　　　　　　（　　）
3. 中国人的传统是请客时花钱越多越好。　　　　　　　　　　　　　（　　）
4. 中国旧时的传统是鼓励人们在请客时要大方，准备的东西让客人吃不了，这是一种不好的习惯。　　　　　　　　　　　　　　　　　　　（　　）
5. 有的中国人请一次客要花掉一年的工资。　　　　　　　　　　　　（　　）
6. 这家饭店了解了顾客不愿意浪费的心理，所以成功了。　　　　　　（　　）

7. 这家饭店给不浪费的顾客奖励，送给他们优惠卡。　　　　　　　　　（　　　）

8. 实行了新办法后，这家饭店的顾客数量有所下降。　　　　　　　　　（　　　）

Exercise Two: Analyzing Ideas

根据文章内容，选择正确的答案

1. 实行了新的经营方式后，这家饭店_____。
   A. 太浪费　　　　　　　　B. 很受欢迎　　　　　　　　C. 生意不好

2. 一般人认为，开饭店的主要目的是_____。
   A. 多花钱　　　　　　　　B. 劝客人喝酒　　　　　　　C. 赚钱

3. 中国的传统习惯是，请客时要_____。
   A. 多喝酒　　　　　　　　B. 大方　　　　　　　　　　C. 吸引顾客

4. 这家饭店服务人员指导客人点菜，努力做到_____。
   A. 多点菜　　　　　　　　B. 点贵菜　　　　　　　　　C. 好吃不浪费

5. 这家饭店指导顾客点菜是为了_____。
   A. 不浪费　　　　　　　　B. 多赚钱　　　　　　　　　C. 统计

Exercise Three: Synonyms

根据上下文的意思，找出句中加点词的同义词或它的意思

1. 很多饭店都是想尽办法劝客人多点昂贵的菜、多喝高价的酒。（　　　）
   A. 很贵　　　　　　　　　B. 不太贵　　　　　　　　　C. 便宜

2. 主人请客人吃饭时花钱一定要大方，准备的东西一定要充足。（　　　）
   A. 刚刚够　　　　　　　　B. 丰富　　　　　　　　　　C. 富裕

3. 以前中国人每年在请客吃饭上的浪费是很惊人的。（　　　）
   A. 让人羡慕　　　　　　　B. 让人佩服　　　　　　　　C. 让人惊讶

4. 在这里吃饭时，饭店服务人员会主动提醒客人适量点菜。（　　　）
   A. 合适的数量　　　　　　B. 少量　　　　　　　　　　C. 大量

5. 中国人请客吃饭这么浪费，其实他们自己也不是不心疼。（　　）
   A. 吹牛　　　　　　　　B. 难过　　　　　　　　C. 大方
6. 由于这家饭店的服务好，顾客满意，所以回头率就高了。（　　）
   A. 再来的频率　　　　　B. 转头的次数　　　　　C. 转头回来

Exercise Four: Discussion Questions

讨论下面的问题

1. 这家饭店为什么成功了？你觉得它的方法怎么样？
2. 中国人以前请客吃饭时为什么喜欢点很多菜、花很多钱？中国人喜欢浪费吗？
3. 中国人请你吃过饭吗？你觉得中国人对客人热情吗？
4. 你认同过去中国人请客吃饭的这种方式吗？为什么？
5. 这家饭店的服务人员为什么要指导顾客点菜？顾客为什么愿意接受他们的指导？

第五课　带着奶奶去看山

众所周知，中国文化非常重视家庭关系，并且要求年轻人关心照顾长辈，其实全世界的文化也都提倡这种**美德**。最近发生在美国的一则故事也说明，这种美德不只是中国文化的**专利**，尊敬长辈和关爱他们是**人性**和人类文明传统美德的要求。世界上的众多文化都鼓励我们要关怀家人、照顾长辈和老人。而且，我们不只是让老人吃得饱住得好，也要关注他们精神上的需求，要理解他们，了解他们的生活和梦想。如果可能，晚辈还要努力帮助他们实现梦想。

最近美国CBS报道的一则**软性新闻**受到了美国千家万户的关注。这则新闻讲的是美国中部平原一个边远**小镇**上的一位老太太乔伊·瑞安和她孙子之间令人感动的**温馨**故事。

这位老太太的孙子叫布莱德·瑞安。他小时候，他们家的日子过得不太好，钱不多，因此他们根本就没有机会出去旅游。小布莱德唯一的旅行记忆就是，**儿时**每年冬天，他的爷爷奶奶带着他从小镇开车到佛罗里达的一个湖区去。这个**驾车**旅行的过程很漫长，几乎**横跨**了半个北美洲，路上看到的也只是**平原**、无尽的平原……

直到上大学，布莱德才第一次走出这个**荒僻**的小镇，到达美国东部。大学一年级，他才第一次跟同学一起旅行，见到了大山，他们一起爬上了那座高高的大山。这次爬山的经历使他感到非常**神奇**。放寒假回家，布莱德告诉奶奶外边的世界，奶奶感到"山"这种**庞然大物**太让人**震惊**了。可是一生在平原上生活的奶奶从来就没有见过山，她对于大山到底是个什么样子也根本想象不出来。不管布莱德怎样**描述**，奶奶也很难想象出什么是"山"。

第五课　带着奶奶去看山

这里的人大部分一辈子都没见过山，也没见过海。这件事情刺激了布莱德，从这一刻起，他产生了一个计划。他想一定要让奶奶有机会去看看"山"是什么样子。当然，如果可能，他也想让奶奶去看看大海。

奶奶在听他说爬山故事时渴望的眼神、无限憧憬的表情刺激了他。他知道奶奶一辈子都在为过日子而挣扎，从没走出过小镇，奶奶晚年的愿望就是想看到真正的山是个什么样子。

奶奶那时候已经85岁了，住在一座很小的房子里。她一生依赖一份挣钱极少的工作过日子，直到80岁才退休。就凭着这一点儿微薄的工资，她根本别想去看什么山或海……

2015年，布莱德大学毕业了。他在国家森林公园找到了一份工作。他决定带奶奶到大烟雾山的国家公园做一个为期三天的短途旅行，让奶奶看看山到底是什么样子。

可是，"看山"这件事说着容易，但对这一老一少来说，做起来却很难。大家想想看，一个年轻的小伙子第一次陪着一位八十多岁的老人在山上旅行得遇到多少困难啊！他们不只是在体力、兴趣、作息时间等方面差别太大，而且在行动、路途等方面也面临很多困难。但是最后，他们克服了这一切。

特别是这个旅途中，这对奇怪的旅伴受到人们格外的关注。当大家知道这对祖孙的故事时，都不由得伸出大拇指夸赞他们。更有很多人听到此事后发出了很多感叹——他们也有爷爷奶奶、外公外婆，而且这些老人也有着种种梦想。可是对这些梦想他们没能倾听过，或者即使倾听过，又有几个人能真正努力帮助老人实现呢？

在众人充满钦佩和赞美的眼神中，布莱德受到了鼓舞和感动。他想，不管有多难，这条路我一定要走下去，在奶奶剩下来的晚年岁月，让她能走多远就走多远。

显然，这个美好的愿望，对于刚参加工作、收入不高的布莱德来说很难做到，奶奶更是在经济上也帮不上什么忙。可是他们的故事越传越远，感动了很多人。布莱德后来试着建立了一个名为"带着奶奶去旅行，求赞助"的网站。

没想到，他们的故事感动了整个美国。仅仅在28天时间里，他们就募集到了足够开车去21个美国国家森林公园的钱。于是，在几个月时间里，布莱德和奶奶先是在邻近的州游览了几个国家公园，后来又去了比较远的地方游览了四个国家公园。在一个半月以前，他们还去了一个更远的国家公园。

"我们的计划是要游历61个美国国家森林公园，现在我们已经去过29个了。在过去的三年半，我们已经开车走了大约四万零两百多公里，穿越38个州啦！"布莱德骄傲地说，"想想吧，奶奶今年已经89岁了！"

这场旅行丰富了奶奶的人生阅历。"虽然奶奶一生贫苦，但她遇事很达观。小时候我们生活困难，奶奶很难有什么见识，但是她对世事很看得开。"布莱德说，"即使奶奶一生从没离开过小镇，但她对生活从不会抱怨。"现在，每天早上一醒来，奶奶就对孙子说："谢谢你，我们又迎来了新的一天。"

CBS报道说，这场史诗般的旅行不但充实了一个普通小镇家庭中奶奶和孙子的生活，也让广大美国人为之感动。其实，不只是中国文化和美国文化，全世界各民族的文化都会赞美热爱家庭、孝敬老人的传统。

如今，布莱德祖孙的旅行还在继续……布莱德告诉我们，他和奶奶的下一个目标是要去看海，他们要去夏威夷和阿拉斯加，充分享受人生的美好……

生词 New Words

1.	众所周知	zhòngsuǒzhōuzhī		as is known to all, as we all know
2.	美德	měidé	名	virtue, goodness
3.	专利	zhuānlì	名	patent
4.	人性	rénxìng	名	humanity, human nature
5.	软性新闻	ruǎnxìng xīnwén		soft news
6.	小镇	xiǎozhèn	名	small town, townlet
7.	温馨	wēnxīn	形	warm, lovely
8.	儿时	érshí	名	childhood
9.	驾车	jià chē		to drive
10.	横跨	héngkuà	动	to go across, to stretch over
11.	平原	píngyuán	名	plain, flat country
12.	荒僻	huāngpì	形	deserted, remoted
13.	神奇	shénqí	形	amazing, magic
14.	庞然大物	pángrán-dàwù		jumbo, behemoth
15.	震惊	zhènjīng	动	to shock, to amaze, to be shocked
16.	描述	miáoshù	动	to describe, to depict
17.	刺激	cìjī	动	to stimulate, to irritate
18.	眼神	yǎnshén	名	expression in one's eyes
19.	憧憬	chōngjǐng	动	to long for, to look forward to
20.	挣扎	zhēngzhá	动	to struggle
21.	依赖	yīlài	动	to depend on, to rely on

22.	微薄	wēibó	形	meagre, scanty, humble
23.	短途	duǎntú	形	short distance
24.	旅伴	lǚbàn	名	traveling companion, fellow traveler
25.	大拇指	dàmǔzhǐ	名	thumb
26.	感叹	gǎntàn	动	to plaint
27.	倾听	qīngtīng	动	to listen attentively
28.	钦佩	qīnpèi	动	to admire
29.	网站	wǎngzhàn	名	website
30.	募集	mùjí	动	to collect, to raise
31.	阅历	yuèlì	名	experience
32.	达观	dáguān	形	optimistic, philosophical
33.	见识	jiànshi	名	insight, sense, knowledge
34.	史诗	shǐshī	名	epic

Exercise One: Remembering Details

细读本文，指出下列句子提供的信息是对的还是错的。如是错的，请改成正确的答案

1. 孝敬和尊敬老人是中国人的传统，也是中国文化的专利。　　　　（　　）
2. 世界上有很多文化要求不但要让老人们晚年吃得好住得好，还要注意他们的精神需求。　　　　（　　）
3. 因为日子过得不好，这位老太太一生从来都没有离开过这个小镇。（　　）
4. 布莱德上大学以后才第一次见到大山，他很喜欢山。　　　　（　　）
5. 奶奶听说了布莱德爬山的故事，但她不太感兴趣，可布莱德一定要带奶奶去看看山的样子。　　　　（　　）

6. 布莱德带奶奶去看山吃了很多苦头，但是他们仍然很高兴。（　　　）
7. 布莱德带奶奶去看山，别人觉得很奇怪，因为奶奶太老了。（　　　）
8. 很多人关注他们的旅行，他们都很羡慕布莱德能帮助自己的奶奶实现梦想。（　　　）
9. 布莱德请求人们帮助他能够带着奶奶去看更多的地方。（　　　）
10. 布莱德已经带奶奶游览了38个国家公园，他们还要再去29个。（　　　）
11. 布莱德和奶奶已经看过了很多山，他们的下一个目标是要去看海。（　　　）

Exercise Two: Analyzing Ideas

根据文章内容，选择正确的答案

1. 布莱德到上大学才第一次见到山，是因为_____。
   A. 他放寒假了　　　B. 以前没钱旅行　　　C. 山非常神奇
2. 奶奶听到布莱德爬山的故事后很憧憬，因为她_____。
   A. 震惊害怕　　　B. 受到刺激　　　C. 想看看山
3. 布莱德第一次带奶奶去看山吃尽了苦头是因为_____。
   A. 他们差别太大　　　B. 奶奶身体不好　　　C. 人们太关注他们
4. 旅途中人们关注、夸赞他们是因为_____。
   A. 他们喜欢旅游　　　B. 奶奶不怕老　　　C. 孙子帮奶奶实现梦想
5. 布莱德建立网站请求赞助是因为_____。
   A. 他的钱不够　　　B. 他很有名　　　C. 奶奶太老

Exercise Three: Synonyms

根据上下文的意思，找出句中加点词的同义词或它的意思

1. 众所周知，中国文化非常重视家庭关系，并且要求年轻人关心照顾长辈。（　　　）
   A. 根据传统　　　B. 大家都知道　　　C. 大家都喜欢

2. 直到上大学，布莱德才第一次走出这个荒僻的小镇，到达美国东部。（　　）

    A. 很小很难看的　　　　　B. 很穷很脏的　　　　　C. 很远很偏的

3. 这次爬山的经历使他感到非常神奇。（　　）

    A. 震惊刺激　　　　　　　B. 奇特神秘　　　　　　C. 痛苦害怕

4. 奶奶在听他说爬山故事时渴望的眼神、无限憧憬的表情刺激了他。（　　）

    A. 生气　　　　　　　　　B. 向往　　　　　　　　C. 难过

5. 大家不由得伸出大拇指夸赞他们，更有很多人听到此事后发出了很多感叹。（　　）

    A. 震动吃惊　　　　　　　B. 感动惊叹　　　　　　C. 高兴乐观

6. 这场旅行丰富了奶奶的人生阅历。（　　）

    A. 历史知识　　　　　　　B. 读书能力　　　　　　C. 人生经验

7. 虽然奶奶一生贫苦，但她遇事很达观。（　　）

    A. 看事明白，看得开　　　B. 很能吃苦　　　　　　C. 工作非常努力

Exercise Four: Discussion Questions

讨论下面的问题

1. 这篇文章的故事看起来很普通，但它很感人，为什么？
2. 布莱德的童年是什么样的？他为什么要带奶奶去看山？
3. 奶奶是个什么样的人？她钱不多，可为什么还要去旅游？
4. 人们为什么夸赞布莱德和奶奶？他们从布莱德祖孙的旅行中想到了什么？
5. 你跟家里的老人一起旅行过吗？如果旅行过，请说说你们的旅行经验。如果没跟老人一起旅行过，你愿不愿意跟他们一起旅行？为什么？

2 单元　中国礼俗

预习提示：

1. 你知道中国人的性格是怎么形成的吗？中国人为什么不喜欢直接表达自己的思想感情？
2. 中国人为什么喜欢帮助人？他们对友情有什么看法？中国人为什么注重集体的利益？
3. 中国的传统怎样影响了中国人今天的生活？

第六课　中国礼俗

　　中国礼俗的一个重要特点是强调中庸之道。中国人在待人接物或处理社会问题时不愿意走极端。如果某人做错了事，他自己知道错了，也愿意改，问题已经明白了，中国人不愿意非得逼着他认错。中国人总愿意给别人留一条退路，讲究含蓄和心照不宣。中国人自己有了高明的主意也并不愿意炫耀，聪明的中国人不太愿意暴露自己的才能。

　　中国人非常注重一个人的信誉和诺言。这种信誉不是靠写在纸上的合同和契约来约束的。过去，在一般情况下，中国人不喜欢用签合同、立字据的形式来约束自己的行为。中国人认为说过的话就应该算数。中国人常说"一言既出，驷马难追""说出去的话，泼出去的水""一诺千金"。那就是说，一个人应该永远遵守自己的诺言，不管这个诺言是不是写在了纸上。在中国，一个人如果说话不算数，叫作"食言"。食言的人会让别人看不起，如果一个人常常对朋友食言，他就不会有真正的朋友了。中国人和别人相处时非常讲究礼貌，他发现别人做错了或伤害到自己时，一般不马上批评别人或立刻指出来，而是先暗示他们去认识并改正自己的错误，除非对方太笨或太不知道自爱。中国人很少直接和对方发生冲突。

　　西方有很多人常常说中国人不喜欢说"不"。其实，基于上面我们谈到的道理，我们应该知道，在大多数情况下，中国人不必说"不"。我认识的一位老师曾经说过，中国人有一百种方法不用说"不"来表达"不"的意思。如果对方实在太笨，逼得中国人必须说"不"了，那么中国人一定会叫他领教一下儿"不"的滋味。

　　中国人有着极强的报恩思想。如果别人帮助过你，你应该永远记得并寻找机会报答他。"忘恩负义"是中国人对某些人的一种最强烈的责备。虽然如此,中国人在帮助别人时并不希望得到他们的回报,帮助熟人时如此,帮助陌生人时也是这样。"济人然后拂袖去"是一种最高的美德。中国人帮助别人时不应该想着让别人回报,很多帮助别人的人甘当无名的助人者。

中国人非常注重友情,为了帮助朋友,他们往往可以不顾一切,有时甚至可以去冒生命的危险。中国人帮助朋友,大家都认为是应该的,是理所当然的。当然,帮助过别人的人不应该始终记着他给过别人的恩惠,但被帮助的人却永远不应该忘记这些。报答别人给自己的恩惠并不要求马上兑现,在中国历史上,流传着很多过了几十年甚至到了下一代人还仍然在报恩的故事。传统的中国礼俗要求中国人应该讲义气、重友谊,为朋友两肋插刀。"你敬我一分,我敬你一丈""受人滴水之恩,当以涌泉相报""知恩不报非君子",中国人最看不起的是知恩不报的"小人"。

中国传统礼俗的另一个重要特点是注重集体的利益和尊严。我们往往可以看到,在和中国人相处的时候,他们非常注重家族或团体的利益。中国人很少为了自己个人的利益而牺牲家族或团体的利益,即使你给他很大的好处。但这并不是说所有的中国人都是那么"大公无私",而是说明中国社会是一个有着相当强的集体约束力的社会;有时候即使当事人想牺牲集体的利益,他也不敢。

由于有着极强的集体荣誉感,中国传统礼俗要求人们事事要以集体的利益为重。不管任何人,如果他伤害到了集体的利益,就一定会受到共同的反对。对一个外来人来说,尊重一个中国人、想跟他做朋友就应该尊重他的家族、朋友和他的团体,特别是要尊重他的长辈或老师。中国人有尊重长辈和老师的传统。去一个不太熟悉的中国人家里,我们往往先去问候一下儿他家的长辈,对长辈的尊敬常常表示出对这个家庭的尊敬。同时,跟一个朋友的友情，也表现在对他的老师或师父以及家人的尊敬上。自古以来，中国人有着尊敬老师的传统。即使学生后来比老师的地位高了、学问好了，他们也应该永远尊敬老师。传统的中国人讲究"一日为师，终身为父"的道理。所以，熟悉中国文化礼俗的人一般不会当着朋友的面议论他们的老师、家人或说他们的坏话。

中国人的修养教他们把大喜大悲都藏在心里，他们看不起感情外露的人，认为那是浅薄。中国人不喜欢恭维别人，也很警觉别人对他们的奉承。中国人不喜欢当面拆别人送的礼物，别人当面拆中国人送给他们的礼物，中国人也很不以为然。这一点中国文化跟外国文化很不一样。外国人说中国人不当面拆他们送的礼物可能是因为不喜欢，是不懂礼貌；中国人则认为外国人当着他们的面就急着拆看礼物是太贪婪，是"没出息"。

请别以为中国人不会发火，只是中国人发了火你也许还没看出来。一般情况下，中国人讲究喜怒不形于色，可一旦中国人真发了火，他们会很厉害的。虽然中国人不喜欢说"不"，可是，请尽量别逼着中国人说"不"，请不要轻易地得罪中国人。中国是一个讲究礼节、非常温柔的民族；但同时也要记着，中国又是一个非常刚强、自尊的民族。他们会永远记着别人对他们的恩惠，也会记着别人对他们的侮辱；受恩当然会报恩，受辱则会报仇。

生词　New Words

1.	中庸	中庸	zhōngyōng　名	对待别人或事物采取不偏向任何一方、折中调和的态度 the doctrine of the mean

2.	极端	極端	jíduān	名|副	事情发展到顶点；非常，特别 extreme; extremely
3.	退路	退路	tuìlù	名	往后退的路，可以后退、可以商量的办法　the route of retreat
4.	含蓄	含蓄	hánxù	形	不明显的，不外露 contain, implicit
5.	心照不宣	心照不宣	xīnzhào-bùxuān		大家心里都知道，但都不说出来 have a tacit understanding
6.	高明	高明	gāomíng	形	看法和能力比别人高 wise, brilliant
7.	诺言	諾言	nuòyán	名	允诺别人的事，答应别人的话 promise
8.	契约	契約	qìyuē	名	合同，约定的文件 contract, covenant, agreement
9.	食言	食言	shíyán	动	失信，答应别人的话不去做 to break one's promise
10.	暗示	暗示	ànshì	动	用含蓄的方法来表示，使人明白 to hint
11.	自爱	自愛	zì'ài	动	爱惜自己，对自己尊重 self-respect
12.	基于	基於	jīyú	介	在……情况下，根据…… based on …
13.	不必	不必	búbì	副	没有必要　unnecessary
14.	滋味	滋味	zīwèi	名	味道，感受　taste
15.	报恩	報恩	bào ēn		报答别人对自己的恩情和帮助 to pay a debt of gratitude
16.	忘恩负义	忘恩負義	wàng'ēn-fùyì		忘记别人对自己的恩德，做对不起别人的事 to devoid of gratitude, ungrateful

17. 责备	責備	zébèi	动	批评和抱怨别人 to blame
18. 回报	回報	huíbào	动	报答别人对自己的恩情和帮助 to pay a debt of gratitude
19. 陌生人	陌生人	mòshēngrén	名	不认识的人，生人 stranger
20. 冒	冒	mào	动	不顾（危险等） to risk
21. 理所当然	理所當然	lǐsuǒdāngrán		从道理上说应该这样，认为正确 of course, naturally
22. 恩惠	恩惠	ēnhuì	名	恩情和帮助 favor, kindness
23. 兑现	兑現	duìxiàn	动	实现诺言 to honor (a commitment, etc.), to fulfill
24. 义气	義氣	yìqi	名	讲公道，重感情，愿意帮助朋友 code of brotherhood, personal loyalty
25. 涌泉	湧泉	yǒngquán	名	不断流出的泉水 running spring
26. 君子	君子	jūnzǐ	名	有知识、有道德的人 gentleman
27. 小人	小人	xiǎorén	名	坏人，没有道德的人 villain
28. 集体	集體	jítǐ	名	很多人在一起的有组织的群体 group
29. 尊严	尊嚴	zūnyán	名	受尊敬的庄严的地位或身份 dignity
30. 牺牲	犧牲	xīshēng	动	为了理想和信仰而放弃生命和权益 to sacrifice
31. 大公无私	大公無私	dàgōng-wúsī		一切为了别人，从来不想到自己 selfless, unselfish
32. 荣誉感	榮譽感	róngyùgǎn	名	为……感到骄傲和光荣 sense of honor
33. 家族	家族	jiāzú	名	大的家庭及以此为基础形成的社会组织 clan, family

34.	师父	師父	shīfu	名	徒弟对老师的尊称 master
35.	议论	議論	yìlùn	动	对别人或事情谈论看法 to discuss, to talk about
36.	浅薄	淺薄	qiǎnbó	形	缺乏知识或修养 superficial
37.	恭维	恭維	gōngwéi	动	当面说别人的好话 to compliment
38.	警觉	警覺	jǐngjué	动	对可能发生的事情敏锐地感觉到 to be vigilant, to be alert
39.	奉承	奉承	fèngcheng	动	当面说别人的好话 to compliment
40.	不以为然	不以爲然	bùyǐwéirán		不觉得是对的 don't concern it is correct
41.	贪婪	貪婪	tānlán	形	不知足，想得到更多 greedy
42.	没出息	没出息	méi chūxi		没有前途或没有大的理想，不成功 good for nothing
43.	发火	發火	fā huǒ		生气，发脾气 to get angry
44.	一旦	一旦	yídàn	副	某一天或某一个时间 once
45.	逼	逼	bī	动	用力量强迫别人做事 to force sb. to do sth.
46.	得罪	得罪	dézuì	动	用言语或行为让人不高兴 to offend
47.	温柔	溫柔	wēnróu	形	温和善良 tender, gentle
48.	刚强	剛強	gāngqiáng	形	不怕困难，坚强 firm, staunch, unyielding
49.	报仇	報仇	bào chóu		对敌人进行报复和打击 to revenge

习惯用语和特殊表达用语

1. 中庸之道：待人接物不偏不倚，既不强调一个方面，也不强调另一个方面，采取温和折中的态度。这是儒家的一种主张。

    （1）中庸之道是中国传统哲学的一个重要的观点，到了后来，中庸之道又成了中国人社会习惯的一个部分了。

    （2）有的人说，遇到事情既不说好也不说坏就是中庸之道。其实中庸之道绝不是那么简单，这种理解是很浅薄的。

2. 心照不宣：心里明白但不明说出来。

    [宣] 宣布，公开地告诉别人。

    （1）这件事其实大家都明白，只是心照不宣罢了。

    （2）这并不是一件让人高兴的事，所以虽然大家都知道，但都心照不宣，不愿意说出来。

3. 一言既出，驷马难追：指说出去的话，就不能再收回，一定要说到做到。

    [驷] 同拉一辆车的四匹马。

    （1）他信誓旦旦地说："这件事我一定说到做到！你们放心，一言既出，驷马难追。不信你们明天看吧。"

    （2）这话是你说的，一言既出，驷马难追，你可要说话算数啊。

4. 说出去的话，泼出去的水：说出去的话就像泼出去的水，再也收不回来。用来比喻说出去的话或做了的决定不能改变了。

    （1）老张咬了咬牙说："你们放心，我说出去的话，泼出去的水。我说明天办完这件事就一定明天办完。"

    （2）看到小李有点儿后悔，大家说："怎么后悔了？说出去的话，泼出去的水。"小李说："谁说我后悔了？我当然说话算数！"

5. 一诺千金：答应别人的事情就一定做到。说过的话像金子一样宝贵。

   [诺] 答应或同意。

   （1）你别看这个人平时很随便，可是他很讲义气，凡是他答应的事都是一诺千金，说到做到。

   （2）中国过去的传统讲究一诺千金，现在很多人往往说话不算数，所以有的人说现代人不如古代的人诚实。

6. 忘恩负义：忘掉别人对自己的恩惠，背叛别人的情义。

   [负] 辜负、背叛。

   （1）我们过去常常帮助他，没想到他现在这么忘恩负义。

   （2）我们要懂得知恩图报，不能做忘恩负义的小人。

7. 济人然后拂袖去：帮助人以后不想得到别人的感谢而轻松地离开。

   [济] 帮助，救济。[拂] 甩动，抖。

   （1）中国古代的功夫小说上常常写一些武士喜欢帮助遇到危险的人，他们济人然后拂袖去，帮助了别人却不求感激。

   （2）英国的传奇小说中常常写到一些骑士喜欢济人然后拂袖去的故事。

8. 理所当然：按道理应该这样做。

   [然] 如此，这样。

   （1）你不必客气，遇到困难，我帮助你是理所当然的事。

   （2）他的父母都是法国人，他又是在法国长大的，他法语说得流利是理所当然的事情。

9. 受人滴水之恩，当以涌泉相报：即使受到别人小的帮助和恩惠，也要想着用最大的恩惠来报答。

   [涌泉] 指水由下向上冒出或向上喷出的泉水。

   （1）中国古代传统强调"受人滴水之恩，当以涌泉相报"，如果别人帮助过你，你应当永远记住。

（2）妈妈常说"受人滴水之恩，当以涌泉相报"。我们永远不应该忘记在我们困难的时候帮助过我们的人。

10. 大公无私：一心为公，从来不考虑自己的利益。

（1）只有大公无私的人才能做一个好领导。

（2）有人说，现在大公无私的人越来越少了。

11. 一日为师，终身为父：只要当过一天自己的老师，就要一辈子像尊敬父亲那样尊敬老师。

（1）中国人过去非常尊敬读书人或老师，他们常常说：一日为师，终身为父。有时老师说错了，学生也不能指出来。这样很不合理。

（2）老王到了美国以后才发现，美国的学生和中国学生很不一样，美国学生完全没有"一日为师，终身为父"的观念。

12. 不以为然：不认为是对的。

（1）虽然很多中国人都认为"一日为师，终身为父"的传统是对的，可是美国学生却不以为然。

（2）这件事我觉得你应该再好好儿想一想，虽然你不以为然，可是大家都认为你错了。这到底是为什么呢？

句型和词语操练

• 极端

1. 中庸之道的主要内容就是让人们不要专门强调任何一方，更不要走极端。

2. 大家都劝白大卫不要这样做，因为这是一个极端错误的想法。

3. 你如果这样做会有一个极端可怕的结果，_____
_____。

• 非得

1. 王老师说并不是每一个想学中文的人都非得去中国。

2. 虽然我说今天晚上没有空儿，可是她非得让我跟她一起去看电影。

3. 如果你认为我非得学会中文才跟我结婚，_____
_____。

• 暗示

1. 小张告诉我，老李并没有明着让他这样做，而只是暗示他这样做的。

2. 虽然大家都暗示了他，可是他并没有看出来。

3. 你不必暗示他，_____。

• 基于

1. 基于这次暴风雨带来的影响，最近的交通问题一直没有得到解决。

2. 基于以上我说的这几点，我不赞成他的意见。

3. 基于他已经犯过三次这样的错误了，我认为_____
_____。

• 冒……的危险

1. 今天纽约十分不安全，发生了爆炸(bàozhà，explosion)事件，我是冒了很大的危险来上课的。

2. 下这么大的雨，而且有闪电，你这样出去会冒着很大的危险的。

3. 谁说他愿意为了朋友去冒这么大的危险，其实_____
_____。

- 即使

  1. 你别逼他去了，他爸爸不让他去，即使他真的想去，他也不敢去。
  2. 虽然他喜欢看电影，可是他没有钱；即使他有点儿钱，也要先考虑吃饭问题。所以他年轻时几乎就没看过什么电影。
  3. 即使我到了中国_____。

- 喜怒（不）形于色

  1. 今天老李一定有什么高兴的事，你看他喜形于色的，藏都藏不住。
  2. 你别表现得那么喜怒形于色，这样看上去多没有修养啊！
  3. 喜怒不形于色的人往往_____
  _____。

- 一旦

  1. 我们都准备好了，一旦他来了，我们就开始唱歌。
  2. 你们怎么能这样随便对待这件事呢，一旦出现了危险怎么办呢？
  3. 他说一旦他学会了新的电脑科技，_____。

一、根据课文内容，回答下列问题

1. 什么是中庸之道？你觉得中庸之道对不对？对在什么地方，不对在什么地方？
2. 中国人的文化习惯和西方人的文化习惯有很大的不同，比如在过去，中国人不喜欢写合同、写契约，而是根据别人说的话来相信别人，你觉得这种习惯好不好？你和别人相处时，是不是要靠合同来相信别人？

3. 如果你看到别人做错了事，你是马上指出来还是先暗示他？为什么？

4. 为什么中国人不喜欢说"不"？中国人怎样表达自己的情感？

5. 为什么说"忘恩负义"是中国人对人的一种最强烈的责备？中国人帮助了别人要等待别人回报吗？你觉得为了帮助朋友不顾一切、冒着生命危险的做法对不对？为什么？

6. 中国人为什么注重集体的利益和家族的利益？

7. 为什么要尊重一个中国人、想和他交朋友就必须尊重他的长辈和老师？

8. 中国人为什么看不起感情外露的人？哪个国家的人感情最容易外露？

二、用下列词语造句

1. 极端：
2. 含蓄：
3. 心照不宣：
4. 基于：
5. 自爱：
6. 忘恩负义：
7. 理所当然：
8. 恭维：
9. 不以为然：
10. 得罪：

三、找出下列每组词中的同义词

- 中庸　　　中和　　　中层　　　中部
- 极端　　　特别　　　积极　　　绝对
- 含蓄　　　包含　　　委婉　　　明显
- 暗示　　　表示　　　展示　　　指示
- 自爱　　　自私　　　自尊　　　自夸
- 矛盾　　　冲击　　　冲动　　　冲突
- 基于　　　根据　　　关于　　　由于
- 责备　　　准备　　　批评　　　抱怨
- 约束　　　约会　　　限制　　　约定
- 恭维　　　表扬　　　表现　　　奉承

四、选词填空

> 警觉　　约束　　责备　　浅薄　　含蓄
> 暗示　　得罪　　牺牲　　贪婪　　炫耀

1. 约翰最近买了一辆宝马车，他非常高兴，见到谁就向谁_____。

2. 他这个人平时说话非常_____，如果你不仔细想就很难猜出他的意思。

3. 他已经_____过你很多次了，可是你一直没看出来。

4. 每当遇到问题，他总是先_____别人，从来不想一想自己做错了哪些事。

5. 中国文化要求人们不管有多大的权力，都要注意_____自己的行为。

6. 她虽然长得很漂亮，可是她没有什么知识，和别人相处时也常常显得很_____。

7. 你要想取得成功，就必须_____一些东西。比如，你就不能像别人那样有很多时间出去玩儿。

8. 他对别人的恭维很_____，因为他知道，别人奉承他的时候，往往是有事情要求他。

9. 我不愿意和这样的人交朋友，从他的眼中你就可以看出这个人非常_____。

10. 我认为，指出自己朋友的缺点是帮助朋友。如果你看到朋友的缺点而又怕_____他而不告诉他，那并不是真正的好朋友。

五、用括号里的词语改写句子

1. 如果想学好中文，一定要到中国去住几年吗？（非）

2. 学好中文是一件很难的事，有的人学了好多年仍然说不好。你只有好好儿地练习才能够真正学会。（除非）

3. 刚才我把道理已经讲得很清楚了，所以我认为你应该能做好这件事。（基于）

4. 虽然他们的知识和学问都比自己的中学老师高多了，但他们仍然很尊敬自己的中学老师。（即使）

5. 等到他明白是你帮助他实现了梦想的时候，他一定会非常感激你的。（一旦）

六、写作练习

1. 用一句话来总结课文中每一个段落的意思。

2. 用三句话来概括出这篇课文的主要内容和观点。

3. 你了解中国的礼俗吗？写一篇500字的短文谈谈你所了解的中国人的礼俗。

4. 谈谈美国人的礼俗。比较一下儿美国人和中国人的礼俗，你认为它们在哪些方面有不同？

5. 根据你对中国礼俗的理解，描写一位你熟悉的中国人。

第七课　"五伦"与中国人

古时候中国人喜欢说"五伦"这个词。虽然今天已经不怎么说了，但是它对中国人的生活还有一定的影响。什么是五伦呢？要想了解它，我们应该先了解一下儿什么是"伦"。

"伦"这个字本来是分类别、次序的意思。中国古代思想家用它来区分在社会上人和人之间的道德关系，并叫作"人伦"。人伦关系处理好了，一个社会就和平安定，就有道德和礼貌；如果处理不好，社会就会发生种种矛盾和动乱。所以，中国传统文化跟道德、礼貌有关的内容都被放到"人伦"里面去研究，后来形成了一门学科，叫作伦理学。

那时候，怎样区分人与人之间的关系呢？古人以自己为中心画了五个圈，自己跟这五个圈的关系就叫作五伦。第一个圈是自己和父母，这是孝道和亲情。第二个圈是君王和臣民，这里说的是政府和老百姓的关系，是忠诚和礼义之情。第三个圈是夫妻关系，这是爱情，但爱情也要做到内外有别。第四个圈是兄弟之间的骨肉亲情，这里要做到的是互相尊敬、要有长幼秩序。第五个圈是朋友关系，与朋友相处要讲究诚信和道德，应该善良并互相帮助。

几千年来，中国人赞扬这样的传统，也按照这样的传统来要求自己、管理家庭和社会。

五伦的说法有没有道理呢？今天看来，它的基本内容还是不错的。但是有些方面需要修改和补充。比如说，今天的中国早就没有了皇帝，所以，君臣关系不存在了。但是，这种关系并没有消失，它以另外的形式存在着。例如，现在没了皇帝但仍然有国家、有政府。国家和政府的职责是保护人民，让老百姓过上平安幸福的生活。而老百姓呢，也有义务遵守政府的政策法令，为建设自己的国家服务。当然，今天的中国人仍然提倡孝道。夫妻之间也要互相关爱。兄弟姐妹一家人之间呢，当然也要互敬互爱。

比较有意思的是，在中国传统的五伦中，没有朋友关系这一伦。这说明中国人自古以来就非常重视交朋友。一个人在社会上生存，大部分时间并不跟父母或兄弟姐妹在一起生活，所以在人生经历中往往会遇到各种各样的朋友。中国人很看重这样的友情，有时候好朋友之间的感情甚至可以比亲兄弟还亲。

有人提出了疑问，古代中国人不是特别重视教育吗，五伦中怎么没提到老师呢？其实古代的中国人没有忘记这一点，只是那时候大部分人没有机会读书，师生关系在社会上并不普遍。但是这个关系同样受到了最大的尊重，古人认为尊重老师就应该像尊重父母一样。他们讲究"一日为师，终身为父""师徒如父子"。也就是说，在传统的五伦中，人们对老师，是放到孝道和亲情这种崇高的社会地位上的。

在今天，中国人做事情还要不要遵守五伦呢？社会在进步，社会的道德规范当然也在改变。古人的道德对我们今天的社会有参考意义；当然今天的中国人要遵守的是今天的道德和法律。虽然这样，我们今天了解和研究古代的五伦还是有意义的。因为我们要想了解今天中国人的文化、中国人的想法，要想了解这些想法从哪里来、要到哪里去，不理解五伦和中国古代这些基本的传统观念还是不行的。

生词 New Words

| 1. | 伦 | lún | 名 | order, logic, human relations |

2.	类别	lèibié	名	category, type, sort
3.	次序	cìxù	名	sequence, order
4.	区分	qūfēn	动	to discriminate, to distinguish
5.	动乱	dòngluàn	名	disturbance, turmoil, upheaval
6.	圈	quān	名	ring, circle, loop
7.	孝道	xiàodào	名	filial piety, Confucian doctrine of filial piety
8.	君王	jūnwáng	名	king, lord
9.	臣民	chénmín	名	subjects, of a feudal ruler
10.	礼义	lǐyì	名	rite and morality to carry out in the feudalist society
11.	骨肉	gǔròu	名	kindred, flesh and blood
12.	长幼	zhǎng yòu		elders and youth
13.	补充	bǔchōng	动	to replenish, to complement, to supplement
14.	设有	shèyǒu	动	to be equipped with, to consist of
15.	疑问	yíwèn	名	question, doubt, query
16.	崇高	chónggāo	形	sublime, lofty
17.	规范	guīfàn	名	standard, norm, specification
18.	参考	cānkǎo	动	to consult, to refer to

Exercise One: Remembering Details

细读本文，指出下列句子提供的信息是对的还是错的。如是错的，请改成正确的答案

1. 在古时候，中国人讲究"五伦"，但是今天的中国人已经完全不遵守这些规则了。　　　　　　　　　　　　　　　　　　（　　　）

2. "五伦"关系如果处理不好,家庭和社会容易发生问题。（   ）
3. 古人之所以重视五伦关系,因为它是那时候大家公认的道德和社会传统。（   ）
4. 今天看来,古代人对于五伦的解释已经完全没有道理了。（   ）
5. 中国人在古代伦理中非常注重跟朋友的关系,但是却不太重视跟自己亲兄弟的关系。（   ）
6. 虽然中国古人重视教育,但是却不太尊重老师,所以五伦中没有师生关系。（   ）
7. 因为今天的中国有了新的道德规范,现代的中国人已经不再参考古代的习惯了。（   ）
8. 本文的作者认为,学习"五伦"的内容对了解今天中国人的想法仍然有意义。（   ）

Exercise Two: Analyzing Ideas

根据文章内容,选择正确的答案

1. 古代中国人喜欢说"五伦"是因为_____。
   A. 赞扬五伦的传统   B. 五伦是法律规定   C. 害怕五伦
2. "五伦"的本质是说明一个人跟家庭和社会的基本_____。
   A. 态度   B. 礼貌   C. 关系
3. 中国的古人和现代人都认为"五伦"的说法_____。
   A. 太严格   B. 有道理   C. 太古老
4. 中国人喜欢交朋友的传统跟"五伦"_____。
   A. 有关系   B. 有影响   C. 没有任何联系
5. "五伦"中没有提到学生跟老师的关系是因为在古时候_____。
   A. 老师不受欢迎   B. 这一点不重要   C. 师生关系不普遍
6. 因为今天的社会_____了,所以"五伦"没有古代那么受重视了。
   A. 没有君臣关系   B. 道德规范改变   C. 越来越重视教育

Exercise Three: Synonyms

根据上下文的意思，找出句中加点词的同义词或它的意思

1. 第一个圈是自己和父母，这是孝道和亲情。（　　　）
   A. 尊敬顺从长辈　　　　B. 法律传统　　　　C. 道德伦理
2. 在传统的五伦中，人们对老师，是放到孝道和亲情这种崇高的社会地位上的。（　　　）
   A. 高兴　　　　　　　　B. 高级　　　　　　C. 极高
3. 社会在进步，社会的道德规范当然也在改变。（　　　）
   A. 习惯　　　　　　　　B. 典型　　　　　　C. 标准
4. 古人的道德对我们今天的社会有参考意义。（　　　）
   A. 批评反对　　　　　　B. 对照比较　　　　C. 学习发扬

Exercise Four: Discussion Questions

讨论下面的问题

1. "五伦"是个古老的传统概念，我们今天讨论它还有什么意义？
2. 你觉得一个人跟家庭、社会的关系对他的成长有没有影响？
3. 中国人为什么那么重视家庭关系？为什么古代中国人会把政府和老百姓的关系算作一"伦"？
4. 中国的古人为什么那么注重朋友关系？这对今天中国人的生活有影响吗？
5. 中国古人非常注重教育，但五伦中却没有师生关系这一伦。你认为这矛盾吗？为什么？
6. 在现代中国，老百姓已经不再按照五伦的要求过日子了。我们了解五伦对了解今天的中国还有没有意义？为什么？

第八课　中国人的送礼习俗

很多人都知道中国人有喜欢送礼的习惯，中国人的确喜欢送礼。中国人在需要别人帮忙时要送礼，别人帮了他们的忙以后当然还要送礼。晚辈去看长辈时要送礼，去看亲戚朋友时也要送礼。看望老人要送礼，看望孩子也要送礼；看望平常的人要送礼，看望病人也要送礼。平常的日子要送礼，逢年过节当然更要送礼。这样看来，差不多送礼已经成了中国人生活中的一个重要部分了。中国人那么喜欢送礼，他们怎样送礼呢？中国人送礼又有一些什么样的习惯和讲究呢？

中国人送礼有一些专门的讲究。比如在西方，人们往往喜欢在被邀请时给女主人送礼物；在中国，这种时候人们往往要给老人和孩子带礼物。除非你跟女主人很熟悉，否则单给女主人送礼物，别人看起来会觉得不太合适。而给老人送礼物，则会被认为是对整个家庭的尊重，特别是送一些好吃的东西，是非常合适的。另外，由于小孩子在家里受到大家的喜爱，所以给孩子带礼品全家人也都会高兴。

如果想表示对女主人的尊重，最好送一些鲜花儿或水果。这样既大方典雅，又有意义。可是应该记住，不要只送给女主人红玫瑰。红玫瑰往往表示爱情，有特殊的意义。除了玫瑰，有的人觉得送菊花和荷花也不好，因为根据某些地方的风俗，这些花儿是在葬礼上用的，送人不吉利。除此以外，中国人还不喜欢别人送给他刀子或剪子，因为那暗示着要切断或剪断友谊。有些地方的人认为，送别人伞也会带来坏运气，因为"伞"的发音像"散"。

我们可以看到，有的地方送礼往往会因为礼物名字发音好听而更有意义。比如过年时送人年糕，因为发音与年年"高"一样。送结婚的人红枣、花生、桂圆和栗子，因为发音连起来与"早生贵子"一样。有的地方的人忌讳送给别人钟，因为"钟"的发音跟"终"（end，death）一样，"送终"听起来很不吉利。

最奇怪的是，棺材一般人认为是最不吉利的，但是据说广东人并不讨厌它。有的人甚至送小的棺材模型给人做礼物，因为"棺材"的发音像"官""财"，听起来像是要升官发财！

生词 New Words

1.	的确	díquè	副	indeed, really
2.	逢年过节	féngnián-guòjié		on New Year's Day or other festivals
3.	菊花	júhuā	名	chrysanthemum
4.	荷花	héhuā	名	lotus
5.	葬礼	zànglǐ	名	funeral
6.	吉利	jílì	形	fortunate, lucky
7.	剪子	jiǎnzi	名	scissors
8.	桂圆	guìyuán	名	longan
9.	栗子	lìzi	名	chestnut
10.	送终	sòng zhōng		to attend upon a dying parent or other senior member of one's family
11.	棺材	guāncai	名	coffin
12.	模型	móxíng	名	model

Exercise One: Remembering Details

细读本文，指出下列句子提供的信息是对的还是错的。如是错的，请改成正确的答案

1. 送礼是中国人生活中的一个非常重要的部分。（   ）
2. 虽然中国人喜欢送礼，但他们不愿意送给病人礼物。（   ）
3. 西方人最喜欢送给小孩子礼物。（   ）
4. 中国人最喜欢送给女主人礼物，因为它表现出了对这个家庭的尊重。（   ）
5. 中国人喜欢送荷花，因为荷花在中国被认为是最高贵的礼物。（   ）
6. 送给中国人刀子或剪子很不礼貌。（   ）
7. 中国人送礼，有时候要讲究礼品名字的发音。（   ）
8. 送礼和请客一样，在中国是一门学问。（   ）

Exercise Two: Analyzing Ideas

根据文章内容，选择正确的答案

1. 中国人喜欢送礼是因为_____。
   A. 社会习惯   B. 怕被人看不起   C. 喜欢做生意
2. 中国人和西方人送礼的习惯_____。
   A. 差不多   B. 不一样   C. 非常像
3. 在中国给老人送礼物常常表示对这家人的_____。
   A. 尊重   B. 赞扬   C. 喜爱
4. 有人认为，给别人送菊花和荷花不礼貌，因为它们_____。
   A. 象征爱情   B. 不吉利   C. 切断友情
5. 有些广东人喜欢小的棺材模型，是因为_____。
   A. 样子好看   B. 名字好听   C. 发音吉利

Exercise Three: Synonyms

根据上下文的意思，找出句中加点词的同义词或它的意思

1. 很多人都知道中国人有喜欢送礼的习惯，中国人的确喜欢送礼。（　　）
   A. 真的　　　　　　　　B. 非常　　　　　　　　C. 并非

2. 中国人送礼又有一些什么样的习惯和讲究呢？（　　）
   A. 好处　　　　　　　　B. 注意的地方　　　　　C. 认真

3. 除此以外，中国人还不喜欢别人送给他刀子或剪子，因为那暗示着要切断或剪断友谊。（　　）
   A. 宣布　　　　　　　　B. 不高兴地表示　　　　C. 不明确地表示

4. 有的地方的人忌讳送给别人钟，因为"钟"的发音跟"终"一样。（　　）
   A. 因害怕而不能做　　　B. 因不愿意而不做　　　C. 因好奇而不做

Exercise Four: Discussion Questions

讨论下面的问题

1. 中国人为什么喜欢送礼？中国人最喜欢什么时候送礼？
2. 中国人送礼和西方人送礼有什么不同？
3. 中国人认为送什么样的礼物不好？为什么？
4. 中国人在送礼时讲究什么？为什么？

第九课　聪明过头的杨修

我们一般都喜欢聪明人，但有时候人太聪明了，也会让人不高兴或让人**嫉妒**而引起很大的麻烦。下面讲的是中国历史上一个很有名的、因为聪明又喜欢表现自己而给自己带来坏运气的故事。

中国古时候，有一个非常聪明而又**狡猾**的君主叫曹操。曹操有很多军队，也有很多**文人**帮他出主意，所以他打仗常常胜利。帮他出主意的人里有一个年轻人叫杨修。杨修十分聪明，他的爷爷和父亲也都是很有名的读书人。据说杨修知识渊博，差不多什么都懂，而且他读过很多书，很为自己的知识感到骄傲。曹操虽然喜欢他的聪明，可是很不喜欢他常常表现自己的聪明，因此曹操很**嫉恨**他。

曹操也很聪明，他当然不喜欢别人超过他。曹操有时候也喜欢表现自己的聪明或用自己的聪明跟别人开开玩笑。他希望别人猜不出来他的意思，可是他的玩笑每次都被杨修看懂并解答了出来，因此曹操总想找机会**报复**他。

比如说，有一年，曹操让人修建了一座花园，修完了以后他去参观，参观完他没说自己的意见，只在门上写了一个"活"字就走了。别人都不知道曹操的意思，很着急。这件事被杨修知道了，他说不必着急，把花园的门改小一点儿就行了。人们不知道杨修说得对不对，但又不敢去问曹操，只好照杨修的话去做了。没想到，曹操看到改小了的门，很高兴。人们问杨修是怎么猜出曹操的意思的，杨修说："门的中间有一个'活'是'阔'字，阔就是太宽大的意思，所以我让你们把门改小了。"曹操听说是杨修猜出了他的意思，既高兴又提醒自己一定要**提防**他。

第九课　聪明过头的杨修

一次，有人送给曹操一盒酥(sū, crunchy candy)，曹操就在上面写了"一合酥"这三个字传给了大家。大家知道曹操脾气很坏，不知道怎么办。这件事让杨修知道了，他说："大家一人一口把酥吃了吧。"人们不敢吃。杨修说："曹操写得很清楚，'一合'就是'一人一口'。"曹操知道这次又是杨修猜出了他的意思，觉得杨修有点儿过于聪明了。

曹操是一个多疑的人，他总是怕人暗杀他。他说，他睡觉的时候容易做出奇怪的事情，让别人在他睡觉时别靠近他。有一天，曹操睡着了，他的用人照顾他，他突然跳起来把这个人杀死了。别人都相信曹操说过他睡觉时容易做错事的话，只有杨修知道曹操是一个狠毒的人。曹操知道这件事后，更不喜欢杨修了，他觉得杨修不仅是过于聪明，而且有点儿可怕了。因为杨修能看透自己的想法，曹操觉得他一定要除掉杨修，以免以后给自己惹麻烦。

有一次，曹操打了败仗，他想退兵又觉得还有可能胜利，想不退兵又怕失败，心里很矛盾。正在这时，军队让他给一个口令（password），曹操正在喝鸡汤，他看到了鸡的肋骨（lèigǔ, ribs）。鸡肋吃起来几乎没有肉，但扔掉又有点儿可惜，这正像他当时的心情。于是他就说："口令就叫'鸡肋'吧。"杨修听到了这个口令，马上猜出了曹操的心情，他告诉其他将军说，大王要退兵了，我们早做准备吧。

曹操发现人们已经知道了他的想法，就追问是谁说要退兵。后来知道又是杨修说的。这次他终于找到了一个借口，说杨修泄露军事秘密，把杨修杀死了。

根据《三国演义》故事改写

生词 New Words

1.	嫉妒	jídù	动	to envy
2.	狡猾	jiǎohuá	形	cunning, sly, crafty
3.	文人	wénrén	名	scholar, man of letters
4.	嫉恨	jíhèn	动	to envy and hate, to hate out of jealousy
5.	报复	bàofu	动	to make reprisals, to revenge
6.	提防	dīfáng	动	to beware of, to guard against
7.	多疑	duōyí	动	to be suspicious
8.	暗杀	ànshā	动	to assassinate
9.	用人	yòngren	名	servant
10.	狠毒	hěndú	形	vicious, venomous
11.	看透	kàn tòu		to understand thoroughly, to see through
12.	以免	yǐmiǎn	连	in order to avoid, so as not to, lest
13.	败仗	bàizhàng	名	lost battle, defeat
14.	退兵	tuì bīng		to retreat
15.	矛盾	máodùn	形	contradictory
16.	将军	jiāngjūn	名	general
17.	追问	zhuīwèn	动	to question closely, to make a detailed inquiry
18.	借口	jièkǒu	名	excuse
19.	泄露	xièlòu	动	to reveal, to divulge

第九课 聪明过头的杨修

Exercise One: Remembering Details

细读本文，指出下列句子提供的信息是对的还是错的。如是错的，请改成正确的答案

1. 杨修的爷爷比曹操聪明，所以曹操很不高兴。　　　　　　　　　（　　　）
2. 杨修平时很喜欢开玩笑，而曹操不喜欢开玩笑，所以曹操要报复他。（　　　）
3. 因为杨修很聪明，他常常能猜出曹操的意思，所以曹操有些嫉恨他。（　　　）
4. 曹操觉得杨修能看出自己的秘密，所以要杀死他。　　　　　　　（　　　）
5. 杨修太喜欢表现自己的聪明，所以他被杀死了。　　　　　　　　（　　　）
6. 杨修的故事告诉我们有时候不应该多说话。　　　　　　　　　　（　　　）
7. 杨修虽然很聪明，可是他不知道如何保护自己。　　　　　　　　（　　　）
8. 曹操虽然喜欢聪明人，但是他不喜欢说出他的秘密的人。　　　　（　　　）

Exercise Two: Analyzing Ideas

根据文章内容，选择正确的答案

1. 曹操嫉恨杨修是因为他＿＿＿＿＿＿。
   A. 喜欢吹牛　　　　　B. 喜欢表现自己的聪明　　　　C. 太狡诈
2. 杨修猜出了曹操的意思，曹操认为＿＿＿＿＿＿。
   A. 他太骄傲　　　　　B. 不必着急　　　　　　　　　C. 要提防他
3. 曹操送给人们一盒酥，人们不敢吃，因为＿＿＿＿＿＿。
   A. 酥不好吃　　　　　B. 不明白曹操的意思　　　　　C. 杨修要吃
4. 曹操睡觉时不让人靠近他是因为＿＿＿＿＿＿。
   A. 怕睡不着　　　　　B. 怕自己做错事　　　　　　　C. 怕被人暗杀
5. 曹操最后杀死杨修是因为＿＿＿＿＿＿。
   A. 要报复他　　　　　B. 不喜欢鸡肋　　　　　　　　C. 打仗失败

Exercise Three: Synonyms

根据上下文的意思，找出句中加点词的同义词

1. 中国古时候，有一个非常聪明而又狡猾的君主叫曹操。（　　　）
   A. 暴躁　　　　　B. 狡诈　　　　　C. 嫉妒

2. 曹操听说是杨修猜出了他的意思，既高兴又提醒自己一定要提防他。（　　　）
   A. 防备　　　　　B. 提高　　　　　C. 表扬

3. 曹操觉得他一定要除掉杨修，以免以后给自己惹麻烦。（　　　）
   A. 将来　　　　　B. 避免　　　　　C. 免除

4. 这次他终于找到了一个借口，说杨修泄露军事秘密，把杨修杀死了。（　　　）
   A. 机会　　　　　B. 理由　　　　　C. 口令

Exercise Four: Discussion Questions

讨论下面的问题

1. 曹操是聪明人，杨修也是聪明人，曹操为什么不喜欢杨修？
2. 杨修比曹操聪明吗？曹操为什么要杀死他？
3. 一个人太聪明了好不好？中国人为什么喜欢说"难得糊涂"？
4. 你喜欢杨修这样的人吗？如果杨修为你工作，你应该怎样对待他？
5. 一个聪明人应不应该表现自己的聪明？如果应该，他应该怎样表现自己的聪明？

第十课　寒食节的传说

中国古代很多知识分子或有本领的人往往不喜欢显示自己的才能或不喜欢做官。为什么呢？一是因为有的人性格谦虚；另外在古代，一个人如果显示出了他的才能，往往会遭到极大的危险。

据说明朝的第一个皇帝曾经是一个乞丐。他开始造反时做过很多好事，因此很多知识分子和有名的将军都来帮助他。后来他成功了，当了皇帝。他当了皇帝以后，心想："我是一个没有知识的人，这么多有名的人怎么会听我的话呢？反正现在已经胜利了，我也做了皇帝，不再需要这些人的帮助了，我应该想个办法除掉他们。"于是，他命人建了一座庆功楼，并选了一个日子，请了所有帮助过他的有名的文人和将军来喝酒庆功。当天夜里，当这些人还在喝酒吃饭的时候，皇帝命人把举行宴会的地方封锁起来，放火烧掉了庆功楼，把里面的人都烧死了。这个有名的故事后来被人们叫作"火烧庆功楼"。它揭示出皇帝的嫉妒和残酷，也说明了当官的人的狡猾和狠毒。从这儿我们或许可以看出，为什么很多有知识的人不愿意表现出自己的才能，因为"才能"可能会带来麻烦甚至灾难。

两千多年以前，中国古代还有一个著名的传说，也是说一个文人不愿意当官的故事。故事发生在晋国，当时这个国家遇到了危险，王子逃了出去。王子的身边有一些很好的朋友和忠诚的读书人陪着他。这些人爱自己的国家，他们支持帮助王子，希望他能努力奋斗，回去拯救自己的国家。他们在外边受了很多苦，一直逃亡了十九年，最后他们终于等到了机会，王子回到晋国做了国王。他就是历史上有名的晋文公。

在国外逃亡期间，晋文公有一个最忠诚的朋友叫介子推。他是一个优秀的读书人，很爱自己的祖国，为了帮助晋文公重新回国做国王，他做了很多努力。他们成功以后，晋文公让伴随他逃亡的人都做了大官。可是没想到，他最好的朋友介子推却坚决拒绝他的邀请，这让晋文公感到很**苦恼**。无论怎么劝说，介子推就是不肯出来做官。为了表示自己不愿意做官的决心，介子推背着自己的母亲到山上去**隐居**。晋文公多次去请他，他都不愿意跟晋文公见面。晋文公很想念他，他想，介子推藏在山里，我怎么也找不到他。如果我在山上放一把火，他怕被火烧死，一定会跑出来，这样我就能见到他了。结果晋文公真的放了一把大火，介子推最后被火烧死了。没想到，介子推**宁愿**被火烧死也不愿意出来当官。晋文公万万没想到他等到的是这样一个**悲剧**的结果。因想念自己的朋友而杀死了朋友，他又难过又后悔，结果生了一场大病，自己也差一点儿死了。

后来，晋文公为了纪念介子推，下了一道命令：在每年清明节的前一天，全国的老百姓都不能用火，甚至不能做饭，只能吃做好的食物。因为这一天是他放火烧死自己朋友的日子，他忌讳这个日子。由于晋文公下令不准用火，人们只能吃凉的东西，所以这一天就被称作"寒食节"。

后来，晋文公到了山上，找到介子推被烧死的地方，他看到介子推死前抱着一棵树。为了纪念他，晋文公用这棵树做了一双鞋。他每天都穿着这双鞋，这样他就能时时刻刻地想念介子推了。每当想念介子推时他就感叹道："子推**足下**，子推足下……" 后来，"足下"就成了一个对好朋友思念和尊敬的称呼。直到今天，人们写信时仍然使用"足下"这个词表示对朋友的尊称。这个故事也一直流传至今。

生词　New Words

1.	遭	zāo	动	to meet with (disaster, misfortune, etc.), to suffer
2.	乞丐	qǐgài	名	beggar
3.	造反	zàofǎn	动	to rebel
4.	反正	fǎnzhèng	副	anyway, anyhow, in any case
5.	除掉	chú diào		to cut off, to erase
6.	庆功	qìnggōng	动	to celebrate
7.	宴会	yànhuì	名	banquet
8.	封锁	fēngsuǒ	动	to seal, to close
9.	灾难	zāinàn	名	disaster
10.	王子	wángzǐ	名	prince
11.	逃亡	táowáng	动	to flee away, to go into exile
12.	苦恼	kǔnǎo	形	vexed, worried
13.	隐居	yǐnjū	动	to live in seclusion, to withdraw from society and live in solitude, to be a hermit
14.	宁愿	nìngyuàn	副	would rather, prefer
15.	悲剧	bēijù	名	tragedy
16.	足下	zúxià	名	a polite form of address between friends (used mostly in letter)

Exercise One: Remembering Details

细读本文，指出下列句子提供的信息是对的还是错的。如是错的，请改成正确的答案

1. 因为当官挣钱不多，中国古代的读书人往往不喜欢当官。　　（　　）
2. 因为那些文人和将军看不起明朝第一个皇帝，所以皇帝把他们烧死了。　　（　　）
3. 晋文公曾经逃亡到了别的国家，在那儿受过很多苦。　　（　　）
4. 晋文公让介子推做了大官，介子推很苦恼。　　（　　）
5. 晋文公不喜欢介子推太骄傲，所以想烧死他。　　（　　）
6. 介子推知道做官很危险，所以宁死也不愿意做官。　　（　　）
7. 晋文公为了表示自己的难过和后悔，他规定每年三月老百姓都不能用火，不能吃饭。　　（　　）
8. 寒食节那天，老百姓只能吃冷的东西，而且禁止用火。　　（　　）
9. "足下"的意思是看不起人，表示对一个人的侮辱。　　（　　）

Exercise Two: Analyzing Ideas

根据文章内容，选择正确的答案

1. 中国古代读书人不喜欢做官是因为＿＿＿＿＿＿。
    A. 怕吃亏　　　　　　B. 怕被人看不起　　　　C. 太危险
2. 明代的第一个皇帝杀死帮助他的人是因为＿＿＿＿＿＿。
    A. 嫉妒和残酷　　　　B. 太在意面子　　　　　C. 性格谦虚
3. 介子推以前帮助王子是因为＿＿＿＿＿＿。
    A. 他以后想做官　　　B. 他受别人的委托　　　C. 他爱自己的国家
4. 介子推不愿意做官，晋文公很＿＿＿＿＿＿。
    A. 生气　　　　　　　B. 苦恼　　　　　　　　C. 高兴

5. 这篇文章作者主要介绍了＿＿＿＿＿＿的故事。

    A. 文人不愿意做官　　　　B. 纪念朋友　　　　C. 国王残酷

Exercise Three: Synonyms

根据上下文的意思，找出句中加点词的同义词或它的意思

1. 据说明朝的第一个皇帝曾经是一个乞丐。（　　　）

    A. 没文化的人　　　　B. 要饭的人　　　　C. 会功夫的人

2. 他想，反正现在已经胜利了，我也做了皇帝，不再需要这些人的帮助了。（　　　）

    A. 正好　　　　B. 不管怎样　　　　C. 一定

3. 这个故事说明了皇帝和当官的人的狡猾和狠毒。（　　　）

    A. 骄傲　　　　B. 刁猾　　　　C. 凶狠

4. 当时这个国家遇到了危险，王子逃了出去。（　　　）

    A. 国王　　　　B. 国王的弟弟　　　　C. 国王的儿子

5. 他最好的朋友介子推却坚决拒绝他的邀请，这让晋文公感到很苦恼。（　　　）

    A. 愤怒　　　　B. 后悔　　　　C. 忧愁

Exercise Four: Discussion Questions

讨论下面的问题

1. 为什么本文的作者说"在古代，一个人如果显示出了他的才能，往往会遭到极大的危险"？
2. 你认为皇帝烧庆功楼是一个聪明的办法吗？他应该怎么做？
3. 你认为晋文公是一个什么样的人？介子推是一个什么样的人？
4. 你认为介子推应该不应该出来做官？为什么？
5. 中国古代人常说"伴君（皇帝）如伴虎"，为什么？你觉得这句话有道理吗？

第十一课　谁是最勇敢的人

两千多年以前，中国还没有统一，北方有很多诸侯国，大的诸侯国总想欺负小的诸侯国或霸占它们，所以诸侯国之间常常打仗。当时有一个诸侯国是赵国，赵国得到了一块美玉。这块玉非常珍贵，赵国把它当成了国宝，人人都很喜欢。另一个诸侯国秦国很想把这块玉抢去，于是说愿意用十五座城池来换取这块美玉。赵国知道秦国很坏，怕被秦国欺骗，不愿意交换。可是秦国是一个大国，如果拒绝，很可能会带来更大的麻烦，甚至会给秦国一个侵略赵国的借口。怎么办呢？赵国的国君和老百姓都很担心。

赵国有一个很有学问的读书人叫蔺（Lìn）相如。他看到国家遇到了大麻烦，就决定做一个外交使者，代表赵国到秦国去解决这个难题。到了秦国以后，他发现秦国果然没有诚意给赵国十五座城池，而只是想骗取美玉，于是蔺相如就凭着自己的聪明才智，既没有让秦国找到借口，又成功地把美玉带回了赵国。赵国的国君和老百姓都很高兴，也很感激蔺相如。除此以外，蔺相如又帮助赵国在外交上取得了许多别的重大的胜利。因为他对赵国的贡献，赵国国君让蔺相如做了很大的官。

赵国有一个非常有名的将军叫廉颇（Lián Pō），他打仗非常勇敢，为赵国立过很多战功。赵国人非常尊敬他。但他看到蔺相如不是靠打仗而只是靠口才就当上了大官，觉得很不服气。他认为只有打仗取得胜利才算得上勇敢，才能当英雄和大官，所以他看不起蔺相如。他说："我如果见到蔺相如，一定要当面侮辱他，让他知道谁是真正勇敢的人。"

知道了这个消息，蔺相如就有意躲着廉颇。蔺相如的朋友和仆人都觉得很奇怪，他们问蔺相如："您是一个非常勇敢的人，为什么要怕廉颇呢？"蔺相如说道："你们看，是秦王厉害还是廉颇厉害？"大家说："当然是秦王厉害。"蔺相如说："我连秦王都不怕，难道我会怕廉颇吗？"大家又问："你不怕他，为什么要躲着他呢？"蔺相如回答说："你们知道秦国为什么不敢侵略我们吗？就是因为我们赵国有廉颇这样勇敢的武将和我这样的文官。如果我们**团结**得好，国家就会安全。如果我和廉颇发生了争吵而闹得不团结，我们国家就会出问题，秦国一定会很高兴。这样它就会有机会来侵略我们。我们这些当官的人应该首先考虑国家的利益，不应该先考虑自己的面子。我虽然不怕廉颇，可是我尊敬他，我不愿意因为自己的利益而伤害国家利益。"

廉颇后来听说了蔺相如的话，感到非常惭愧。他觉得蔺相如比自己勇敢，因为他敢于为了国家的利益而牺牲自己的利益。想到这儿，廉颇决定亲自去向蔺相如认错。于是他找到一根用**荆条**做成的**鞭子**，背在身上，到蔺相如那儿去认错。背着鞭子的意思是，他知道自己错了，并愿意接受惩罚。蔺相如当然不会惩罚廉颇，他们从此成了最好的朋友。赵国因此也更加安全了。

根据司马迁《史记·廉颇蔺相如列传》故事改写

生词 New Words

1.	欺负	qīfu	动	to bully, to treat sb. high-handedly
2.	霸占	bàzhàn	动	to forcibly occupy
3.	国宝	guóbǎo	名	national treasure
4.	侵略	qīnlüè	动	to invade, to aggress
5.	外交	wàijiāo	名	foreign affairs
6.	使者	shǐzhě	名	emissary, envoy, messenger
7.	果然	guǒrán	副	really, as expected, sure enough
8.	诚意	chéngyì	名	good faith, sincerity
9.	凭	píng	介	rely on, depend on
10.	才智	cáizhì	名	intelligence, ability and wisdom
11.	战功	zhàngōng	名	military exploit
12.	口才	kǒucái	名	eloquence
13.	服气	fúqì	动	to be convinced
14.	侮辱	wǔrǔ	动	to humiliate, to insult, to sully
15.	躲	duǒ	动	to hide (oneself), to avoid, to dodge
16.	团结	tuánjié	动	to unite
17.	荆条	jīngtiáo	名	chaste branches, brambles
18.	鞭子	biānzi	名	whip

第十一课　谁是最勇敢的人

Exercise One: Remembering Details

细读本文，指出下列句子提供的信息是对的还是错的。如是错的，请改成正确的答案

1. 秦国不愿意用十五座城换美玉，因为赵国会侵略它。　　　　（　　　）
2. 因为蔺相如帮助赵国打了胜仗，皇帝让他做了大官。　　　　（　　　）
3. 廉颇觉得口才不算真本领，打仗才是真本领。　　　　　　　（　　　）
4. 廉颇想找机会侮辱蔺相如，因为他嫉妒蔺相如的成功。　　　（　　　）
5. 听说廉颇要侮辱他，蔺相如很紧张，他决定躲开他。　　　　（　　　）
6. 蔺相如虽然不怕廉颇，但为了国家的利益他不怕丢面子。　　（　　　）
7. 廉颇知道蔺相如的想法后觉得很惭愧，他认为蔺相如为了国家的
   利益牺牲自己的面子，他比自己勇敢。　　　　　　　　　　（　　　）
8. 由于廉颇自己觉得惭愧，他后来送给蔺相如很多礼物。　　　（　　　）

Exercise Two: Analyzing Ideas

根据文章内容，选择正确的答案

1. 赵国不愿意用美玉跟秦国交换城池是因为＿＿＿＿＿＿＿。
   A. 怕受欺骗　　　　　　B. 怕被人看不起　　　　C. 怕打仗
2. 蔺相如愿意到秦国去解决问题，因为他＿＿＿＿＿＿＿。
   A. 愿做大官　　　　　　B. 爱自己的国家　　　　C. 性格谦虚
3. 廉颇听说蔺相如当大官后很不高兴，因为＿＿＿＿＿＿＿。
   A. 他也想做大官　　　　B. 他没有口才　　　　　C. 他不服气
4. 蔺相如说，为了＿＿＿＿＿＿＿，所以他躲着廉颇。
   A. 国家利益　　　　　　B. 秦王高兴　　　　　　C. 自己的面子
5. 廉颇觉得蔺相如＿＿＿＿＿＿＿，所以他比自己勇敢。
   A. 不愿意做官　　　　　B. 能为国家牺牲面子　　C. 不怕秦王

Exercise Three: Synonyms

根据上下文的意思，找出句中加点词的同义词或它的意思

1. 北方有很多诸侯国，大的诸侯国总想欺负小的诸侯国或霸占它们，所以诸侯国之间常常打仗。（　　　）

    A. 帮助　　　　　　B. 抢占　　　　　　C. 麻烦

2. 到了秦国以后，他发现秦国果然没有诚意给赵国十五座城池，而只是想骗取美玉。
（　　　）

    A. 当然　　　　　　B. 不管　　　　　　C. 真的

3. 他发现秦国果然没有诚意给赵国十五座城池，而只是想骗取美玉。（　　　）

    A. 善良　　　　　　B. 真心　　　　　　C. 交换

4. 蔺相如又帮助赵国在外交上取得了许多别的重大的胜利，赵国国君让他做了很大的官。
（　　　）

    A. 交朋友　　　　　B. 用口才找借口　　　C. 处理与外国之间的问题

5. 他说："我如果见到蔺相如，一定要当面侮辱他，让他知道谁是真正勇敢的人。"
（　　　）

    A. 批评　　　　　　B. 让……丢脸　　　　C. 嫉妒

Exercise Four: Discussion Questions

讨论下面的问题

1. 蔺相如当了大官，廉颇为什么不高兴？
2. 你认为廉颇怎么样？他为什么对蔺相如很不服气？
3. 蔺相如为什么躲着廉颇？为什么不愿意跟他争吵？
4. 廉颇为什么最后和蔺相如成了最好的朋友？

第十二课　空城计的故事

中国古时候有一个绝顶聪明的文官叫诸葛亮（Zhūgě Liàng）。同时，他还是一位非常出色的军事指挥家，一生中指挥军队打了无数次胜仗。可是有一次，他遇到了一个极危险的情况，差点儿打了一次大败仗。但是因为他的聪明和智慧，特别是他临危不惧、从容不迫的态度使他躲过了危机，顺利渡过了难关。他的这种勇敢和喜怒哀乐不形于色的风度受到了所有人的赞扬和钦佩。这次事件被叫作"空城计"。

有一次，诸葛亮派人去保护一个战略要地。他派去的人叫马谡（Mǎ Sù），这个人太骄傲了，不愿意听别人的劝告，结果失败了。马谡失败后，诸葛亮所有的军队都遇到了大麻烦。因为马谡负责保护的那个战略要地是一个最重要的地方，它就像一扇大门，一旦被打开，敌人随时都可以进来。

诸葛亮当然知道情况很危险，于是派出了自己最好的军队去解决这个问题。可是没想到已经太晚了，敌人也预料到了诸葛亮的想法。敌人不仅数量上远远比诸葛亮想象的多，而且非常强大。为了挽回失去的战略要地，诸葛亮几乎派去了他所有的军队。没想到，这时，敌人的另一支更强大的军队由最有经验的将军司马懿（Yì）带领来攻打他们了。

司马懿也是一个非常聪明的人，他非常善于指挥军队打仗。他和诸葛亮的不同之处就是他十分多疑。当时诸葛亮的军队已经处于十分危险的境地了。他们所在的城市也是一个军事地位极其重要的城市，如果这个城市被攻占，他的整个国家就可能被攻占。当时司马懿带领的是一支由十五万名既勇敢又有经验的士兵组成的军队，而诸葛亮当时只有几个文官和两千五百个士兵。

诸葛亮身边所有的人吓得脸都变了颜色。他们认为自己一定会失败，而且都会被司马懿杀死。

看到这种情况，诸葛亮当然也非常害怕和**焦急**。可是他知道，如果他表现出来自己的心情，那么其他人只会更紧张，这样他们一定会失败。于是，他告诉身边的人千万不要显露出害怕的样子，而是要表现得从容不迫。同时，他告诉人们不要护住城门，而要把四个城门都打开，做出欢迎敌人的样子。然后，他穿上一件平时穿的衣服，让人帮他拿着一把琴，到城楼上淡定自若地弹起琴来了。他看上去就像在那儿欢迎敌人一样。其实，诸葛亮知道自己这样做很冒险，但他表现得却很平静，好像什么事也没发生一样。如果换作别人，早就吓得浑身**冒汗**了。因为如果敌人真的进来，他们马上就会被杀死。

司马懿看到这种情况，一下子变糊涂了。因为他本来知道诸葛亮身边没有军队，这是一座空城，他带着这么多人来，一定能够轻易占领这座城市并杀死诸葛亮。可是没想到，诸葛亮不但不害怕，却打开城门欢迎他。他知道诸葛亮是一个非常聪明的人，他想，如果这儿真的是一座空城，诸葛亮一定会非常害怕，而且要带领军队奋起保护这座城市。他怎么敢打开城门去城头上弹琴欢迎自己呢？这一定是一个**阴谋**！司马懿是一个非常多疑的人，想到这儿，他感到很害怕，就立刻命令自己的军队撤退**逃跑**了。

司马懿逃跑后，诸葛亮的其他军队终于赶过来了。而司马懿发现刚才那座城市真的只是一座空城时，才知道自己**上当**了，难过得几乎要死去。诸葛亮用智慧和从容不迫的态度使自己从极大的危险中解脱出来，表现了古代读书人的聪明才智和临危不惧的精神，这个故事也因此流传至今，让人**津津乐道**。

根据《三国演义》故事改写

第十二课　空城计的故事

生词　New Words

1.	绝顶	juédǐng	副	extremely, utterly
2.	出色	chūsè	形	outstanding, remarkable, splendid
3.	指挥家	zhǐhuījiā	名	strategist, planner, commander
4.	胜仗	shèngzhàng	名	victory
5.	临危不惧	línwēi-bújù		to face danger fearlessly
6.	难关	nánguān	名	difficulty, crisis
7.	风度	fēngdù	名	demeanor, bearing
8.	要地	yàodì	名	important place, strategic point
9.	敌人	dírén	名	enemy
10.	想象	xiǎngxiàng	动	to imagine
11.	焦急	jiāojí	形	anxious, worried
12.	冒汗	mào hàn		to sweat
13.	阴谋	yīnmóu	名	scheme, stratagem
14.	逃跑	táopǎo	动	to run away, to flee away
15.	上当	shàng dàng		to be taken in, to be fooled
16.	津津乐道	jīnjīn-lèdào		to take delight in talking about

Exercise One: Remembering Details

细读本文，指出下列句子提供的信息是对的还是错的。如是错的，请改成正确的答案

1. 因为诸葛亮平时聪明勇敢，所以当他遇到最坏的情况时也能取得胜利。　　　　　　　　　　　　　　　　　　　　　　　（　　　）
2. "空城计"是诸葛亮一生中打的最大的一个败仗。　　（　　　）
3. 诸葛亮太骄傲而且不听别人的劝告，所以他失败了。　（　　　）
4. 在这次战争中，敌人和诸葛亮都知道这个城市非常重要，所以都在争抢它。　　　　　　　　　　　　　　　　　　　　　（　　　）
5. 司马懿虽然很聪明，可是他的运气不太好，所以他失败了。（　　　）
6. 看到司马懿带来了这么多的军队，诸葛亮并不害怕。　（　　　）
7. 因为诸葛亮性格比较多疑，所以他敢冒险。　　　　　（　　　）
8. 司马懿怕诸葛亮比他更聪明，所以不敢冒险。　　　　（　　　）
9. 司马懿知道自己上了诸葛亮的当，最后气死了。　　　（　　　）

Exercise Two: Analyzing Ideas

根据文章内容，选择正确的答案

1. 诸葛亮不但是一个优秀的读书人，他还是一个＿＿＿＿＿＿。
   A. 文人　　　　　　　B. 军事家　　　　　　C. 武将
2. "临危不惧、从容不迫"的意思是＿＿＿＿＿＿。
   A. 遇到危险不害怕　　B. 取得成功而不骄傲　C. 性格谦虚
3. 因为＿＿＿＿＿＿太骄傲，他们失去了那个战略要地。
   A. 司马懿　　　　　　B. 马谡　　　　　　　C. 诸葛亮
4. 因为司马懿太＿＿＿＿＿＿，所以他最后失败了。
   A. 多疑　　　　　　　B. 焦急　　　　　　　C. 危机

5. 诸葛亮最后选择了一种最_____的方法来骗走了敌人。
    A. 害怕　　　　　　　　B. 冒险　　　　　　　　C. 多疑
6. 因为诸葛亮比司马懿聪明、勇敢，最后司马懿_____。
    A. 胜利了　　　　　　　B. 冒了险　　　　　　　C. 上当了

Exercise Three: Synonyms

根据上下文的意思，找出句中加点词的同义词

1. 中国古时候有一个绝顶聪明的文官叫诸葛亮。（　　　）
    A. 头顶　　　　　　　　B. 极其　　　　　　　　C. 坚决
2. 诸葛亮除了聪明以外，还是一位非常出色的军事指挥家。（　　　）
    A. 帅气　　　　　　　　B. 精彩　　　　　　　　C. 优秀
3. 他让人帮他拿着一把琴，到城楼上淡定自若地弹起琴来了。（　　　）
    A. 非常熟练　　　　　　B. 冷静镇定　　　　　　C. 随随便便
4. 司马懿是个非常多疑的人，他想这一定是一个阴谋！（　　　）
    A. 政策　　　　　　　　B. 漏洞　　　　　　　　C. 诡计

Exercise Four: Discussion Questions

讨论下面的问题

1. 中国人为什么喜欢诸葛亮？中国人不喜欢冒险，可是诸葛亮为什么要冒险？
2. 你觉得诸葛亮的办法好吗？如果你遇到诸葛亮那样的情况，你会怎么办？
3. 司马懿为什么在自己一定会胜利的情况下逃走？你认为他做出这样的决定有原因吗？在这种情况下，如果是你，你会做出什么样的决定？
4. 诸葛亮胜利了，你认为诸葛亮的这个方法能经常用吗？为什么？

3 单元　中国的皇帝

预习提示：

1. 你听说过中国古代皇帝的故事或看过有关的电影吗？中国皇帝和西方的皇帝有什么不同？
2. 你知道中国皇帝制度是怎么产生的吗？皇帝是怎样管理和统治国家的？
3. 为什么皇帝制度在今天不存在了？

第十三课　中国的皇帝

中国曾经是世界上封建制度统治时间最长、封建社会文化发展得最充分的一个国家。中国封建文化最重要的一个特点是它的皇帝制度。

在中国历史上，皇帝是最高的统治者，他是中国人最高的精神和行政领袖。皇帝自己认为他们是神，是上天的儿子，所以他们也称自己为"天子"，是代表天帝来管理国家的。在古代，皇帝有着至高无上的权力，因为皇帝是"神"，他们可以做他们想做的一切，基本上是皇帝一个人说了算。几千年来，这种"人治"的管理方式对中国的进步和发展起到了破坏性的阻碍作用。

中国古代的皇帝制度是怎么形成的呢？在远古时期，人民的生产和生存能力都比较弱，人们必须在一起居住、生活和劳动来抵抗动物的袭击、自然灾害等，这样就形成了最早的原始社会。在这样的社会里，年纪大的、有劳动本领和生活经验的家长就自然地成了社会的首领。到后来，随着社会的发展和人们生产能力的提高，这样的早期社会不断地发展，并且通过劳动结合、婚姻、战争和迁移等方式不断扩充和发展，渐渐形成了最早的国家。这些最早的国家仍然按照原来的方式实行"家长制"式的统治。社会扩大了，人口增长了，仅仅靠一个大家长不好统治了，于是原始社会的首领就把社会分成一些不同的单位，组成了国家机构，让自己变成了国家最高的领导即皇帝来管理中央政府，中央管理省、市、县，形成了金字塔式的统治模式。

国家形成后，家长制变成了皇帝制。在这种制度下，皇帝有着绝对的权力，可以为所欲为。皇帝不但可以统治全国的老百姓，而且也主宰着整个国家的管理和行政机构。在古代社会，一切都是皇帝说了算，皇帝对所有的官员都有着升迁罢免、生杀予夺的权力。不管是多大的官员，如果得罪了皇帝，都很可能会马上被处死。由于对皇帝的权力没有法律的约束，皇帝往往**喜怒无常**，没有人敢给皇帝提意见，有的皇帝在历史上做了很多坏事，这样的皇帝被人们称作"**暴君**"。

中国的皇帝制度有很多特点。皇帝认为他们是神的儿子，他们的权力是上天给的（君权神授，受命于天），他们理所当然地要永远统治下去。皇帝**继承**了他的**皇位**后就开始**执政**，他的执政期或**任期**是从当皇帝那天一直到他死为止。即使皇帝生病、**衰老**或者没有思考和管理能力时，他仍然是国家最高的首领。这样的制度当然是很**荒唐**和无理的，对社会的发展造成了很大的**危害**。

皇帝死了以后，新的皇帝只能由皇帝的儿子、兄弟或其他家人来担任，绝不能由皇帝家族以外的人来担任，这样的制度叫**世袭制**。有的皇帝有很多儿子，到底谁应该做新的皇帝呢？有人主张应该由最大的儿子继承皇位，有人主张应该是最聪明**仁慈**的儿子来继承皇位。由于皇帝的权力和地位是那么地高，做皇帝当然有着无比的**诱惑**力。在中国历史上，每当一个皇帝死去、新皇帝继承皇位的时候，总是会产生一些非常残酷的斗争。

一般情况下，皇帝只相信自己的家人，国家的主要权力也由他自己的家人和亲戚来掌握。有时新的皇帝继承皇位时年龄很小或没有管理国家的能力，那么小皇帝的家人或亲戚往往代替皇帝来管理国家，这常常会引起很多矛盾。有时皇帝有很多儿子，他们人人都想成为新的皇帝，为了夺取皇位，他们常常发起宫廷**内乱**，互相**残杀**。除了皇家兄弟争斗外，儿子为了当皇帝而杀死父亲、父亲杀死儿子的事情也会发生。

在古代，皇帝是国家的最高统治者，他通过他的高级**官僚**来管理国家。这些高级官僚在皇帝的宫廷里被称作"**大臣**"。大臣的工作除了管理

第十三课　中国的皇帝

国家外，还要帮助皇帝制定和执行国家政策，同时还要给皇帝提意见。我们知道，皇帝把自己看成神，给皇帝提意见常常要受处罚或要冒很大的危险。但在中国历史上，有很多大臣是优秀的知识分子，他们冒着被处死的危险也要帮助老百姓指出皇帝的错误。根据史书记载，大臣们知道给皇帝提意见可能要受惩罚，有的人给皇帝提意见时竟自己带着棺材去宫廷，用这种方式告诉皇帝：虽然给您提意见会有很大的危险，但我是正义的，为了正义我不怕死，即使您杀死我我也要给您提意见。

因为皇帝是世袭的，皇帝的儿子是皇帝的继承人，所以，对皇帝而言，最重要的就是要生儿子。古时候医疗条件不好，很多孩子很小就死了，所以皇帝要有很多儿子才能保证有人继承王位。为了多生儿子，皇帝往往娶很多的妻子。到后来，这就形成了一种制度。在皇帝众多的妻子中，只有一个人是皇后，其他的都是妃子或宫女。皇帝为自己和妻子们建立了很多宫殿，这些宫殿常常被称作"三宫六院"或"六宫"。

皇帝平时住在皇宫里，很少走出皇宫，他们在皇宫里的生活由太监们照顾。太监是中国皇帝制度中的一种非常特别的现象。他们是一批被施用了一种特殊的手术而失去生殖能力的人。皇帝往往多疑，不相信任何人，包括自己的家人、亲戚甚至妻子，恐怕他们设计谋骗他或争夺他的皇位。可笑的是，皇帝往往相信太监。他们认为太监没有生殖能力，没有后代，名利的欲念不强，因此也就没有野心。此外，因为皇宫中皇帝的妻子众多，任何男人都不能住在这儿，皇帝和他妻子们的生活和一切全靠太监服务和照顾。慢慢地，皇帝就变得越来越依靠太监了。然而，太监们并不像皇帝想的那么无欲和简单，在中国历史上，太监干了不少坏事。有的太监的权力很大，他们敢于欺骗皇帝，有的太监的权力比大臣还大，甚至有的太监参与了政治阴谋。直到1911年，中国才最后推翻了皇帝制度，实现了民主共和制度。

生词 New Words

1.	充分	充分	chōngfèn	形	非常多 plenty of
2.	领袖	領袖	lǐngxiù	名	领导人，带头的人 leader
3.	至高无上	至高無上	zhìgāo-wúshàng		最高的 the highest
4.	阻碍	阻礙	zǔ'ài	动	阻止和妨碍 to hinder, to block
5.	形成	形成	xíngchéng	动	经过发展而变成 to form
6.	弱	弱	ruò	形	不强大的 weak, feeble, fragile
7.	抵抗	抵抗	dǐkàng	动	用力量反对或抗拒 to resist
8.	袭击	襲擊	xíjī	动	在别人不注意的时候发动攻击 to make a surprise attack
9.	灾害	災害	zāihài	名	不幸的遭遇，一定规模的祸害 misfortune, disaster
10.	原始社会	原始社會	yuánshǐ shèhuì		人类文明早期的社会 primitive society
11.	首领	首領	shǒulǐng	名	领头的人，领导人 headman
12.	结合	結合	jiéhé	动	人或事物发生密切关系，连在一起 to unite, to combine
13.	战争	戰爭	zhànzhēng	名	国与国或民族与民族等之间的军事斗争 war
14.	迁移	遷移	qiānyí	动	离开原地搬到别的地方 to immigrate
15.	扩充	擴充	kuòchōng	动	扩大充实，增加 to enlarge, to reinforce
16.	家长制	家長制	jiāzhǎngzhì	名	家长决定一切的制度 patriarchal system

17.	金字塔	金字塔	jīnzìtǎ	名	古代埃及、美洲的一种建筑，用石头建成的三面或多面的角锥体 pyramid
18.	模式	模式	móshì	名	一种规范的样式 pattern
19.	绝对	絕對	juéduì	形	完全的，没有条件限制的 absolute, complete
20.	为所欲为	爲所欲爲	wéisuǒyùwéi		想做什么就做什么 to do whatever you want to
21.	主宰	主宰	zhǔzǎi	动	统治并决定一切 to dominate, to dictate
22.	暴君	暴君	bàojūn	名	残酷的国王或皇帝 tyrant
23.	继承	繼承	jìchéng	动	继续前人没做完的事，按照法律接受死者的遗产或权利等 to carry on, to inherit
24.	皇位	皇位	huángwèi	名	皇帝的职位 royal position, throne
25.	执政	執政	zhí zhèng		掌握政权 to be in power, to be in office
26.	任期	任期	rènqī	名	担任一个职位的时间 term of office
27.	衰老	衰老	shuāilǎo	形	弱的，老的 old and feeble
28.	荒唐	荒唐	huāngtáng	形	奇怪的，没有道理的 ridiculous
29.	危害	危害	wēihài	动	危险的，有害的 to harm, to endanger
30.	世袭制	世襲制	shìxízhì	名	一代一代地继承一个固定的职位的制度 hereditary system
31.	仁慈	仁慈	réncí	形	善良，仁爱 benevolent, merciful
32.	诱惑	誘惑	yòuhuò	动	引诱和欺骗别人做坏事 to tempt, to entice, to seduce
33.	内乱	內亂	nèiluàn	名	内部的混乱 internal unrest

34.	残杀	殘殺	cánshā	动	残酷地杀害 to murder, to slaughter
35.	官僚	官僚	guānliáo	名	做官的人 bureaucrat
36.	大臣	大臣	dàchén	名	高级官员 minister
37.	制定	製定	zhìdìng	动	明确地规定（政策、法律等）to formulate, to lay down
38.	正义	正義	zhèngyì	形	公正的，利于人民的 justice
39.	世袭	世襲	shìxí	动	一代一代地继承（王位等）to be hereditary
40.	医疗	醫療	yīliáo	动	医治疾病 medical care
41.	皇后	皇后	huánghòu	名	皇帝的妻子 queen
42.	妃子	妃子	fēizi	名	皇帝的妾 imperial concubine
43.	宫女	宫女	gōngnǚ	名	在皇宫里服务的女子 a maid in an imperial palace
44.	太监	太監	tàijian	名	在皇宫里为皇帝服务的一种特殊的人员 (court) eunuch
45.	生殖	生殖	shēngzhí	动	生产和繁殖 to reproduce
46.	恐怕	恐怕	kǒngpà	副	担心，害怕 afraid of
47.	后代	後代	hòudài	名	下一代，子孙 descendant
48.	名利	名利	mínglì	名	个人的名位和利益 fame and wealth
49.	欲念	慾念	yùniàn	名	想取得某种东西或达到某种要求的愿望 desire, wish, lust
50.	野心	野心	yěxīn	名	对领土、权位、名利等的大而非分的欲望 wild ambition, careerism
51.	依靠	依靠	yīkào	动	靠某个人或某种力量达到目的 to rely on, to depend on
52.	共和	共和	gònghé	名	由定期选举来产生国家领导人的制度 republic

第十三课　中国的皇帝

习惯用语和特殊表达用语

1. 至高无上：最高的，没有更高的。

   [至] 最。

   （1）在中国古代，皇帝代表着至高无上的权力，没有人敢反对他。

   （2）很多宗教都认为，有一个至高无上的神在统治着整个世界。

2. 为所欲为：想做什么就做什么，任意行事。

   [为] 做。[欲] 想要，希望。

   （1）你虽然是公司经理，可是你也不能为所欲为，遇到事情应该跟大家商量一下儿才对呀。

   （2）我不太喜欢他，因为他是一个为所欲为的人，从来不听别人的劝告。

3. 喜怒无常：一会儿高兴，一会儿生气，情绪不稳定。

   （1）你怎么能跟这样的人交朋友呢？他是一个喜怒无常的人啊！

   （2）A：你看大卫怎么了？他最近总是有点儿喜怒无常的。

   　　 B：他的女朋友最近跟他吹了，他心里很烦。

句型和词语操练

• 充分

1. 在做一件事情之前，你应该充分考虑到可能会遇到的困难。

2. 这件事他没有充分想清楚就去做了，_____
_____。

3. 你只有充分掌握了这方面的知识，_____
_____。

• **抵抗**

1. 他们终于抵抗住了敌人的进攻，打了一场大胜仗。
2. 对这种行为如果你不抵抗，_____
_____。
3. 他说因为这位大臣抵抗了皇帝的权力，_____
_____。

• **继承**

1. 中国文化传统认为，皇帝的第一个儿子有继承皇位的权利。
2. 很多华侨都觉得，即使长期居住在外国，他们也要继承_____
_____。
3. 他从叔叔那里继承了大笔遗产，但是他没有自己留着，_____
_____。

• **制定**

1. 你要遵照公司制定的各项工作规章制度，不要违规行事。
2. 这个公司虽然制定了很多规章制度，_____
_____。
3. 国家虽然制定了很多政策，可是_____
_____。

第十三课　中国的皇帝

• 多疑

1. 这个皇帝实在太多疑了，他谁都不相信，常常吃不香，睡不稳。
2. 多疑的人往往_____。
3. 你别太多疑，_____。

• 依靠

1. 他表面看上去很风光，可是他是依靠父母的面子才找到这份好工作的。
2. 我们不能老想着依靠别人，_____。
3. 他虽然常常说不应该依靠别人，_____
_____。

一、根据课文内容，回答下列问题

1. 为什么在中国古代，皇帝有着至高无上的权力？
2. 中国古代"人治"的方式有什么特点？"人治"和"法治"有什么不同？
3. 为什么中国古代形成了皇帝制度？它有什么特点？
4. 谈谈中国过去的"家长制"式统治制度。
5. 为什么古代皇帝要有那么多的妻子？什么是"世袭制"？
6. 中国古代皇帝是怎样管理国家的？
7. 谈谈皇帝和大臣、太监之间的关系。

二、用下列词语造句

1. 充分：_____

2. 阻碍：_____

3. 形成：_____

4. 抵抗：_____

5. 扩充：_____

6. 绝对：_____

7. 继承：_____

8. 诱惑：_____

9. 依靠：_____

10. 欲念：_____

三、找出下列每组词中的同义词

- 充分　　　充足　　　充当　　　分配
- 结合　　　结婚　　　关系　　　连接
- 扩充　　　扩大　　　包括　　　充分
- 绝对　　　非常　　　完全　　　肯定
- 荒唐　　　有趣　　　奇怪　　　惊奇
- 制定　　　指定　　　制度　　　规定
- 欲望　　　愿望　　　想念　　　欲念
- 多疑　　　怀疑　　　奇怪　　　好奇
- 恐怕　　　害怕　　　也许　　　可怕

四、选词填空

> 迁移　　形成　　扩充　　得罪　　阻碍　　绝对　　充分
> 多疑　　固定　　危害　　依靠　　荒唐　　诱惑

1. 如果你没有_____的思想准备，我劝你先不要学中文。
2. 凡是在大学教书的老师都有一份_____的收入。
3. 中国传统文化中的某些部分_____了社会向现代化方向发展。
4. 你能不能告诉我，中国的皇帝制度是怎么_____的？
5. 他们公司为了降低成本，从城市_____到郊区去了。
6. 请你把这段话_____成一篇短文。
7. 小王肯定地说，只要你能想出办法来，他就_____能把这件事做好。
8. 有些人即使你从来没有_____过他，他也不会真心地喜欢你。
9. 虽然大家都觉得他的想法很_____，可是如果仔细想一想，这里面也有一些道理。
10. 这件事情的_____我们现在还看不出来，也许几年以后大家会看得更清楚一些。
11. 不管别人怎么_____你，你还是不应该学吸烟。
12. 现在大家都不愿意帮助我，我只有_____你了。
13. 他虽然是一个_____的人，可是这件事他怀疑得却有一些道理。

五、用括号里的词语改写句子

1. 有人认为中国的封建社会发展得很全面，中国的封建统治时间也很长。（充分）

2. 在中国古代社会，皇帝可以做他们想做的一切。不管是谁，都不敢得罪皇帝。（为所欲为）

3. 这几件衣服都很漂亮，价格也合适，所以我把它们全都买了下来。（于是）

4. 那时候，皇帝除了拥有国家的立法权和军事权以外，还主宰着全国的行政管理机构。（不但……而且……）

5. 即使是很大的官员，要是让皇帝生气或是不高兴了，也可能会被处死。（不管……如果……）

6. 由于皇帝是世袭的，他的统治时间是他的一生。虽然他生病或没有管理能力了，但他仍然是皇帝。（即使……也……）

7. 在中国历史上，只要一个皇帝死去，需要有新的皇帝继承皇位时，常常会有一些王位之争出现。（每当）

8. 大臣的工作不仅仅是管理国家，有时还要帮助皇帝制定政策。（除了……以外，还……）

六、写作练习

1. 用一句话来总结课文中每一个段落的意思。

2. 用三句话来概括出这篇课文的主要内容和观点。

3. 你熟悉西方的历史吗?西方有没有皇帝制度?请你谈一谈东西方古代制度有什么相同的地方和不同的地方。

4. 中国人的文化和性格跟中国政治制度有没有关系?请谈谈你的看法。

5. 请你写一篇短文,介绍一下儿你们国家的古代或者现代的社会制度。同时谈一谈你认为这种制度好在什么地方,它有什么样的问题,你认为应该怎样解决这些问题。

第十四课　黄帝和皇帝

中国人喜欢说自己是炎黄子孙，这到底是为什么呢？而且，在学习中国文化时，书上说中国封建制度最重要的特点是它的皇帝制度。中国人为什么说自己是炎黄子孙呢？中国最早的皇帝是黄帝吗？

其实，黄帝并不是皇帝，他只是中国古老传说中一个部落的首领。黄帝领导的这个部落影响很大，后来他成了神话里中国人的祖先，因此，中国人就把他说成了是自己国家最早的一位领导人了。

其实，在黄帝之前，还有一个部落首领叫炎帝。炎帝教老百姓种地，是中国最早的农业神，人们也叫他神农。炎帝还是中国人的医药神，古时候人们常常生病，炎帝就帮助人们到处寻找能够治病的药草，他尝尽了上百种不知名的药草，经历过多次中毒。他处处关心百姓，人们非常尊敬他。后来，他的部落越来越强大，他的影响力也越来越大了。

可是那时候天下大乱，到处都是战争。有一个以蚩尤为首领的部落长期跟炎帝的部落发生冲突，炎帝无法战胜他，老百姓也无法过安稳的日子。后来，炎帝就请黄帝帮忙一起攻打这个强大的对手。黄帝跟炎帝合作打了三年的大仗，最后终于打败了蚩尤，统一了天下。所以后来，中国人就认为黄帝和炎帝是他们共同的祖先，他们是炎黄子孙。

统一天下后，黄帝就帮助老百姓搞好农业、种植庄稼，也教老百姓造房子。那时候，要想搞好农业必须了解天气，黄帝就帮助人们创制了最早的农历，让老百姓了解季节，学会种地，学习怎样安排好自己的生活。除了帮助农民种地，黄帝还创造了早期的法律和制度来管理社会。甚至有人说，中国的文字和最古老的音乐也都是黄帝创造的呢。黄帝创造了中华古老的文明,这些都为后来产生国家准备了条件。

黄帝其实不姓"黄",据说他本来姓"公孙",那么人们为什么叫他黄帝呢?中国古书上说,在古代,黄色是土地的颜色。土地可以生长万物,生产粮食,养活老百姓,所以古人崇拜黄色,中国人也喜欢黄色。因此,中国人就把他们尊敬的部落首领叫作"黄帝"了。

后来,又过了好多年,古代的中国形成了很多新的部落和诸侯国。这些诸侯国之间也常常互相打仗,老百姓的日子不好过。那时候,大国常常欺负小国,常年的战争让老百姓受了很多苦,社会也得不到发展。

最后,在两千多年以前,中国出现了一个势力强大的国家叫秦国。秦国的国王**善于**打仗,他最终打败了其他国家,统一了中国,这个国王就是秦始皇。

他为什么叫秦始皇呢?"秦始皇"的意思就是"这个秦国人是历史上的第一个皇帝"。据说,"皇帝"这个词是他自己创造的。因为,中国过去国家首领都叫"君""天子"或"王"等,他觉得再用这样的称呼不能显示自己有多么伟大,他要创造一个新的词语来称呼自己。

选用什么词呢?他想给自己取名叫"始皇帝"。因为"始"是"开始、第一和最初"的意思。那就是说,他是第一个用这个称呼的人。"皇"在古代是"大"和"明亮"的意思。古人尊敬上天时说"皇天",有时候"皇"也是尊敬神的。"帝"的意思是上帝和天帝,这个称呼也是用来尊敬天和古代最伟大的王的。而把"皇"和"帝"合在一起使用,更说明了自己的伟大。秦始皇知道中国古代神话传说中的神和祖先都是用"帝"来称呼,他当然也知道黄帝是中国人所尊敬的最伟大的领导人,所以他用"皇帝"来称呼自己,是希望自己也像黄帝一样伟大,让中国人记住他的伟大**功绩**。

生词 New Words

1.	传说	chuánshuō	名	legend, tale
2.	部落	bùluò	名	tribe, clan
3.	神话	shénhuà	名	myth, mythology
4.	攻打	gōngdǎ	动	to attack, to assault
5.	合作	hézuò	动	to cooperate, to collaborate
6.	种植	zhòngzhí	动	to plant, to grow, to cultivate
7.	农历	nónglì	名	lunar calendar, Chinese calendar
8.	善于	shànyú	动	to be good at, to be adept in
9.	功绩	gōngjì	名	achievement, merit

专名 Proper Noun

炎黄	Yán-Huáng	two emperors in the ancient legend in China, also referring to the ancestors of our Chinese nation

Exercise One: Remembering Details

细读本文，指出下列句子提供的信息是对的还是错的。如是错的，请改成正确的答案

1. 中国人喜欢说自己是炎黄子孙，因为他们认为自己的祖先是秦始皇。（   ）
2. 黄帝是中国历史上最早的皇帝，所以古代中国人非常崇拜他。（   ）
3. 因为黄帝是中国最古老的农业神，所以他的影响力很大。（   ）
4. 黄帝和炎帝一起统一了天下，所以古代中国人认为他们两个是自己共同的祖先。（   ）

5. 因为土地的颜色是黄色的，所以古代中国人崇拜黄色。　　　（　　　）
6. 黄帝原来不姓黄，可是古代中国人崇拜黄色，喜欢黄色，就尊称他
    为黄帝了。　　　　　　　　　　　　　　　　　　　　（　　　）
7. "皇帝"这个词是秦始皇创造的，因为他觉得自己才是中国的第一
    个皇帝。　　　　　　　　　　　　　　　　　　　　　（　　　）

Exercise Two: Analyzing Ideas

根据文章内容，选择正确的答案

1. 根据课文，传说中国最早的一个领导人是＿＿＿＿＿＿。
    A. 黄帝　　　　　　　　B. 炎帝　　　　　　　　C. 秦始皇
2. 人们叫炎帝为"神农"，是因为他＿＿＿＿＿＿。
    A. 教人种地　　　　　　B. 帮助人们　　　　　　C. 是医药神
3. 黄帝跟炎帝合作是因为他们要＿＿＿＿＿＿。
    A. 打败蚩尤　　　　　　B. 搞好农业　　　　　　C. 管理社会
4. 中国历史上的第一个皇帝是＿＿＿＿＿＿。
    A. 炎帝　　　　　　　　B. 黄帝　　　　　　　　C. 秦始皇

Exercise Three: Synonyms

根据上下文的意思，找出句中加点词的同义词

1. 黄帝领导的这个部落影响很大，后来他成了神话里中国人的祖先。（　　　）
    A. 宗教　　　　　　　　B. 古代传说　　　　　　C. 小说
2. 黄帝跟炎帝合作打了三年的大仗，最后终于打败了蚩尤，统一了天下。（　　　）
    A. 协作　　　　　　　　B. 和平　　　　　　　　C. 合理
3. 秦国的国王善于打仗，他最终打败了其他国家，统一了中国。（　　　）
    A. 和善　　　　　　　　B. 擅长　　　　　　　　C. 喜欢

4. 他用"皇帝"来称呼自己,是希望自己也像黄帝一样伟大,让中国人记住他的伟大功绩。(　　)

　A. 勇敢　　　　　　　B. 功夫　　　　　　　C. 成就

Exercise Four: Discussion Questions

讨论下面的问题

1. 中国人为什么喜欢说自己是炎黄子孙?这种说法有道理吗?
2. 请你谈谈炎帝和黄帝的故事,并说一说中国人为什么尊敬他们。
3. 黄帝统一天下后做了哪些事情?这些事情有什么意义?
4. 黄帝并不姓"黄",那老百姓为什么叫他"黄帝"?
5. 秦始皇怎样发明了"皇帝"这个词?请你讲讲这个词的意思。

第十五课　汉高祖刘邦的故事

跟世界上其他很多国家相比，中国历史的特点是，完成统一的时间比较早，统一的时间也比较长。大家知道，秦始皇是统一中国的第一个皇帝。秦朝虽然非常有名，但是统治的时间很短，只有十几年。秦始皇统一中国后做出了不少贡献，可是他的统治很残暴，很多读书人和老百姓都反对他。在秦朝末年，中国好多地方都组织军队反对他的统治，形成了天下大乱的局面。

反对秦始皇的人里面，有一个小人物叫刘邦。那时候，刘邦是中国中部彭城地区一个县的小官。因为到处都非常混乱，老百姓没法过日子，刘邦被逼得也起来造反。他组织了一支小小的军队在各地打仗，可是他的军队太小，只好投靠了另一个比较大的军阀——项羽的叔叔项梁。后来项梁战死，项羽和刘邦的队伍成了主力。

项羽的势力很大，他作战也很勇敢。项羽领导着强大的军队，反对秦朝统治并击败了秦军的主要力量。战败秦朝军队后，他扶持旧贵族为王，项羽自称"楚霸王"，渐渐成了背后的领袖。而这时，刘邦的军队也在成长。为了最后打败秦朝军队，当时的军事领袖们约定，谁先打败秦军主力进入首都，谁就是最后的王者。

经过英勇的决战，刘邦最终打败了秦军，攻占了首都，他胜利了。可是势力强大的项羽不服气，他想方设法要杀掉刘邦，自己当王。刘邦很聪明，他利用自己的聪明机智躲过了死亡。最后，项羽封给刘邦"汉王"的称号，自己成了实际上的统治者。

项羽是个很勇敢也很骄傲的人。他以为自己已经统治了天下，就安心去做当皇帝的梦了。可是没想到，刘邦也在努力磨刀争雄呢。一年以后，刘邦率领自己的军队开始了与项羽最后争夺天下的战争，这场战争就是中国历史上有名的"楚汉之争"。刘邦召集天下军队去抗击项羽。经历了艰难的浴血奋战，他们之间互有胜负。最后，刘邦在众多谋士和将军的帮助下，终于战胜了项羽，成了中国汉朝的开国皇帝。

刘邦原来只是个小城镇的小官，没有什么名气，可是他迎合了时势并团结百姓、利用读书人和军人的力量推翻了秦朝，打败了项羽，最后建立了汉朝。刘邦建立汉朝后，吸取了秦朝灭亡的教训，制定了对老百姓有利的政策，而且废除了秦朝一些残酷的法律，受到了老百姓的欢迎。

同时，刘邦也提倡不能仅用武力统治天下，而要征用儒生，用孔子思想来教化治理天下。刘邦还制定了很多合理的政策和法律，这些都为后来的历代统治者所遵守，形成了中国两千多年封建社会的基本思想。在经济上，刘邦减轻了对农民的税收，提出"与民休息"的政策，使普通老百姓过上了好日子。在文化上，他反对秦始皇的做法，鼓励并尊重读书人，尊重儒家文化。在军事上，他强调要建立强大的军队，不仅保护自己的国家和人民，而且打败了边疆上经常侵略和骚扰中国的一些北方民族，让老百姓过上了和平稳定的生活。

汉高祖刘邦虽然原来只是个普通的老百姓和小官员，但却凭着自己的努力和勇敢当上了皇帝。他打破了中国古代认为皇帝是神的儿子的传说。从他以后，中国很多朝代的皇帝出身于什么样家庭的都有，甚至有的皇帝还曾经是乞丐或者和尚呢！

中国的汉朝很强大，它统治中国的时间长达五百多年。汉朝除了在制度上建立了一个强大的封建国家以外，还在民族和语言上缔造了中国。在汉朝以前，中国的民族名称比较混乱，古时候，中国人被称为"民"或"华夏"人，后来其他国家的人称中国人是"诸华"和"诸夏"。由于中

第十五课　汉高祖刘邦的故事

国汉朝很强大，它同时又是中国人的骄傲，所以后来中国的主要民族就以国名为族名，统一称为"汉族"或"汉人"。而中国人说的话也被称作"汉语"，中国人书写的文字呢，当然也就被称作"汉字"了。因此，中国的文化在历史上也被称作"汉文化"。

汉代的制度和文化也成了后来中国文化发展的榜样，被看成是中国制度和文化的代表，而外国人研究中国的学问，就被叫作"汉学"。当然，中国除了汉族以外，还有五十五个少数民族，他们有的有自己的民族语言和文字，但是大多数都会说汉语。我们认为，是中国的所有民族共同创造了中国的文明和文化。因此，国外研究中国的学问也被叫作"中国学"。但是大家都知道，汉文化是中国文化中最重要的一个传统。

生词　New Words

1.	投靠	tóukào	动	to throw oneself into the lap of, to fall back on
2.	军阀	jūnfá	名	warlord, militarist
3.	主力	zhǔlì	名	main force, backbone
4.	扶持	fúchí	动	to support, to assist
5.	约定	yuēdìng	动	to appoint, to arrange
6.	决战	juézhàn	动	to have a decisive battle, to be the final battle
7.	机智	jīzhì	形	witty, resourceful
8.	召集	zhàojí	动	to call up, to convene
9.	浴血奋战	yùxuè-fènzhàn		to fight hard in bloody battles, to be bathed in blood in a life-and-death fight

10.	开国	kāiguó	动	to found a state
11.	时势	shíshì	名	trend of the times, current situation
12.	废除	fèichú	动	to abolish, to abrogate
13.	征用	zhēngyòng	动	to expropriate, to take over for use
14.	历代	lìdài	名	in all ages, past dynasties
15.	税收	shuìshōu	名	revenue, taxation, tax
16.	骚扰	sāorǎo	动	to harass, to annoy
17.	缔造	dìzào	动	to create, to found
18.	汉学	hànxué	名	Sinology, the Han school of classical philology

Exercise One: Remembering Details

细读本文，指出下列句子提供的信息是对的还是错的。如是错的，请改成正确的答案

1. 跟其他国家相比，中国历史的特点是，它是世界上最早的一个国家。（　　）
2. 秦始皇是统一中国的第一个皇帝，但是他统治中国的时间很短。（　　）
3. 刚开始刘邦的军队太小，他只好投靠了秦始皇的军队。（　　）
4. 项羽的势力很大，作战也很勇敢，可是他没能首先攻进秦国首都。（　　）
5. "楚汉之争"是秦始皇和刘邦、项羽之间的一场最大的战争。（　　）
6. 刘邦过去是个小官，他了解老百姓的想法，建立了汉朝后，他制定了一些对老百姓有利的政策。（　　）
7. 除了提倡用武力统治天下，刘邦还用孔子思想来治理天下。（　　）
8. 中国古代的皇帝都是神和贵族的儿子，一般人是不能当皇帝的。（　　）
9. 在古时候，中国人被称为"民"或"华夏"人，只有贵族和有钱人才能被称作汉人。（　　）

10. 因为汉代很伟大，从那以后，中国人被叫作"汉人"，他们说的话
    被称作"汉语"，中国人书写的文字被称作"汉字"。　　（　　　）
11. 中国除了汉族以外，还有五十五个少数民族，差不多有将近一半的
    少数民族会说汉语。　　　　　　　　　　　　　　　　（　　　）

Exercise Two: Analyzing Ideas

根据文章内容，选择正确的答案

1. 秦始皇统治中国的时间很短，是因为＿＿＿＿＿＿。
   A. 秦始皇太老　　　　　B. 它的历史太早　　　　C. 他太残暴
2. 刘邦投靠另一个比较大的军阀项梁，是因为他＿＿＿＿＿＿。
   A. 不够强大　　　　　　B. 不喜欢造反　　　　　C. 害怕项羽
3. 刘邦打败了秦军，先攻占了秦国首都，可是项羽＿＿＿＿＿＿。
   A. 躲过了死亡　　　　　B. 不服气　　　　　　　C. 击败了秦军
4. 刘邦当了开国皇帝后，他吸取了＿＿＿＿＿＿的教训，制定了一些对老百姓有利的
   政策。
   A. 秦朝　　　　　　　　B. 项羽　　　　　　　　C. 汉朝
5. 国外的"汉学"是指外国人研究＿＿＿＿＿＿的学问。
   A. 汉语　　　　　　　　B. 少数民族　　　　　　C. 中国

Exercise Three: Synonyms

根据上下文的意思，找出句中加点词的同义词或它的意思

1. 后来项梁战死，项羽和刘邦的队伍成了主力。（　　　）
   A. 力气大的人　　　　　B. 最有名的人　　　　　C. 主要的力量
2. 经过英勇的决战，刘邦最终打败了秦军，攻占了首都，他胜利了。（　　　）
   A. 重要的决定　　　　　B. 最后的战斗　　　　　C. 最大的战斗

3. 刘邦迎合了时势并团结百姓、利用读书人和军人的力量推翻了秦朝。（　　）

　　A. 景象　　　　　　　B. 重要的经验　　　　　C. 当时的局势

4. 刘邦提倡不能仅用武力统治天下，而要征用儒生，用孔子思想来教化治理天下。
（　　）

　　A. 严格管理　　　　　B. 努力统治　　　　　　C. 教育改造

5. 汉朝除了在制度上建立了一个强大的封建国家以外，还在民族和语言上缔造了中国。（　　）

　　A. 最早完成　　　　　B. 最先创造　　　　　　C. 最后结合

Exercise Four: Discussion Questions

讨论下面的问题

1. 读完这篇文章，你觉得刘邦是一个什么样的人？他对中国文化做出了什么贡献？
2. 项羽的势力很强大，可是他为什么没有当上皇帝？
3. 刘邦原来只是个小城镇的小官，他是怎样一步一步地建立汉朝的？
4. 除了用武力统治天下，刘邦还提出要怎样教化天下？他建立了哪些对后来有影响的政策和法律？
5. 请你说说为什么大部分中国人称自己是"汉人"？为什么中国话叫"汉语"？
6. 你听说过汉学吗？你了解汉学的基本内容吗？请你介绍一下儿。

第十六课　本该成为艺术家的皇帝

　　历史书上常常说皇帝可以为所欲为，这基本上是对的，但并不是所有的皇帝都能够这样，特别是在中国历史上的一些特殊时期。比如说，在战争时期或者在统治不稳定的时期，有的皇帝就觉得做皇帝不舒服，甚至有的皇帝想做一个普通人。有人做过**统计**，中国历史上差不多有四百多位皇帝，这里面一定有人不想做皇帝。而且有的皇帝本人很有艺术才能，后代评论家说他们本该是中国历史上杰出的艺术家，他们是被"错生"在皇家，被命运错误地安排做了皇帝。

　　这里面，最有名的应该是中国南唐时期的李后主。李后主名叫李煜，他掌权时，南唐已经十分危险。当时刚刚建立的宋朝十分强大，随时想消灭南唐这个政权。其实，南唐从李煜的父亲那一代起，就已经十分弱了。而且李煜是个性格十分**敏感**和温柔的人，他喜欢读书和研究音乐、诗歌，对书法和画画儿也很感兴趣，但是他对领导和统治国家没有什么兴趣。可惜，那时的政治非常**险恶**，但是李煜却非常和善，没有任何治国的经验。他信仰佛教，害怕打仗，但是宋朝却一刻也没有**停息**地要消灭南唐。

　　李煜不断向宋朝**示弱**，并表示自己愿意听宋朝皇帝的话，他还**贬低**了身份希望宋朝放过他。可是这些**投降**的表现并不能拯救他自己和他的政权。最后宋朝军队还是**攻克**了南唐，把李煜俘虏到了宋朝首都，并不断侮辱他。在亡国的日子里，李煜写了很多诗词，最后他被宋朝皇帝毒死了。李煜写的诗词美丽**凄凉**，非常深情，而且容易读懂，差不多每一首都是**千古绝唱**，感动了后来的很多中国人。中国文学史上评价说李煜是一个伟大的词人，他本不该做皇帝。虽然他不是一个**称职**的皇帝，但他是一个写词的文豪。作为一位伟大的文学家，他被后人永远地纪念着。

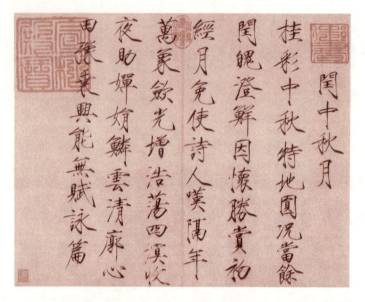

除了李煜以外，宋代的皇帝宋徽宗赵佶也是一位出色的艺术家。赵佶也生活在一个动荡的时代。那时候宋朝很强大，但是赵佶不关心治理国家，他生活奢侈，沉迷于享乐。他喜欢游山玩水，花了国家的很多钱来建造园林和宫殿，把精力都用在了吃喝玩乐上。赵佶还是一个书法家和画家，书画才能非常杰出，而且创造了一种新的书体——瘦金体，影响了中国的书法艺术史。

但是，赵佶几乎从不关心国家的政治，他信任无恶不作的官员并依靠他们陷害爱国将领和文官。那时候，北方的金国常常来侵略宋朝，赵佶不仅不抵抗侵略，而且还杀害了爱国将领，最后强大的宋朝居然被战败，他自己也做了俘虏。战败后，他和他的近八十个子女几乎都成了亡国奴。赵佶虽然是个出色的艺术家，但他却是一个非常差劲而且很羞耻的皇帝。后来元代统治者写这段历史时讽刺他说："赵佶很聪明，他差不多在艺术上无所不精，但就是不能做一个称职的皇帝！"

在明朝，还有一个更奇怪的皇帝名叫朱由校。他既不喜欢政治也不喜欢当皇帝，只对做木匠活儿感兴趣。那时候已经是明朝晚期，国家政治非常动荡，人民的生活也很痛苦。可是这位皇帝既不关心老百姓生活，又不想帮助国家解决问题。他把国家的事情交给坏人把持，结果政府一片混乱，老百姓每天生活在水深火热当中，最后造成了明朝灭亡的隐患。

虽然朱由校不管政治，而且治理国家非常懒惰，但是他做木工活儿却非常勤奋。据史书上说，他在这方面是一个了不起的天才和伟大的发明家。不仅是木匠活儿，他对制作漆器以及其他工艺品也都非常精通。他做的东西都是亲自设计，做工既精致又美观大方，比当时最专业的工匠做出来的作品还要出色得多。他设计了当时最精美的床，而且他还是今天人们使用的折叠床的发明者。据说他用木头做了个花园的模型，那里面的木头人可以走路，鸟可以唱歌，水还能流动。

他还有个习惯，就是喜欢让人把他做的东西偷偷拿到街上去卖，他喜欢听用户的意见。他做的家具受到了大家的赞美，甚至当时非常专业的木匠大师都说自己达不到他那样的水平。朱由校听到后高兴极了，他觉得这才是对他最好的赞扬，这比他做皇帝重要多了。由于朱由校只做木匠不管理国家，明朝开始走向灭亡，而他仅仅二十二岁就去世了。

史书上说，除了朱由校，元朝还有一位皇帝即元顺帝也是个木工爱好者。他不仅喜欢做木匠活儿，而且喜欢设计、建筑和机械。元顺帝会做巨大而又精美的龙船，也会设计精巧的车和能让美人报时的钟。他的本领比那时所有的专业工程师都高明，人们称他是"鲁班天子"。鲁班是中国人崇拜的木匠神，从这个称呼我们可以知道，他当木匠的才能差不多是天下第一了！

除了上面说的这几位，中国历史上还有一些皇帝的艺术水平也让人们惊叹。比如说，唐朝的唐明皇喜欢音乐、唱戏、体育和编舞；南北朝的陈后主是一位音乐家，他还是一位喜欢写流行歌曲的诗人等。但是他们都不是好皇帝，他们不关心管理和建设自己的国家，最后让国家遭受灾难或者灭亡了。

后代有人说，虽然做皇帝有着极大的权力，可是这种权力对上面这些人来说却是一种不幸，因为他们不喜欢做皇帝或者说不会做皇帝。如果让他们做艺术家，他们会是中国最棒的艺术家，所以他们是不幸被错误地生在皇家而不得不做皇帝的人。也有人说，这些人做皇帝没有错，喜欢艺术也没有错，但是可惜他们生活的时代太不幸了，他们都是生活在战争或者动荡的年代。如果在和平时代，他们也许能一边做皇帝一边做艺术家。对这个问题，你怎么看呢？

【附录一：李后主词三首欣赏】

虞美人

春花秋月何时了，往事知多少？
小楼昨夜又东风，故国不堪回首月明中。
雕栏玉砌应犹在，只是朱颜改。
问君能有几多愁？恰似一江春水向东流。

乌夜啼（一）

林花谢了春红，太匆匆。无奈朝来寒雨晚来风。
胭脂泪，留人醉，几时重？自是人生长恨水长东。

乌夜啼（二）

无言独上西楼，月如钩。寂寞梧桐深院锁清秋。
剪不断，理还乱，是离愁。别是一般滋味在心头。

【附录二：宋徽宗的书画作品欣赏】

生词 New Words

1.	统计	tǒngjì	动	to count
2.	敏感	mǐngǎn	形	sensitive
3.	险恶	xiǎn'è	形	dangerous, perilous
4.	停息	tíngxī	动	to cease, to stop
5.	示弱	shìruò	动	to show weakness, to give the impression of weakness
6.	贬低	biǎndī	动	to belittle, to debase, to play down
7.	投降	tóuxiáng	动	to surrender, to give up
8.	攻克	gōngkè	动	to conquer, to capture, to conquest
9.	凄凉	qīliáng	形	miserable, desolate, dreary
10.	千古绝唱	qiāngǔ-juéchàng		to rank as a masterpiece throughout the ages, through the ages farewell
11.	称职	chènzhí	形	to fill a post with credit, competent, up to the requirement of the post

12.	文豪	wénháo	名	literary giant, eminent writer
13.	动荡	dòngdàng	形	unrest, turbulent
14.	奢侈	shēchǐ	形	luxurious, extravagant
15.	沉迷	chénmí	动	to addict, to indulge
16.	陷害	xiànhài	动	to frame up, to make a false charge against
17.	居然	jūrán	副	unexpectedly, to one's surprise
18.	亡国奴	wángguónú	名	conquered people, colonial slave, slave of a foreign nation
19.	讽刺	fěngcì	动	to satirize, to mock
20.	把持	bǎchí	动	to take in charge of, to monopolize, to dominate
21.	水深火热	shuǐshēn-huǒrè		to be in deep distress, to be lived in an abyss of misery
22.	隐患	yǐnhuàn	名	hidden trouble, potential accidents
23.	懒惰	lǎnduò	形	lazy, idle
24.	漆器	qīqì	名	lacquerware, lacquer work
25.	精致	jīngzhì	形	exquisite, delicate, elaborate
26.	出色	chūsè	形	outstanding
27.	折叠	zhédié	动	to fold
28.	机械	jīxiè	名	machinery
29.	报时	bào shí		to report time, to give the correct time
30.	工程师	gōngchéngshī	名	engineer
31.	惊叹	jīngtàn	动	to wonder at, to exclaim (with admiration)

32.	编舞	biān wǔ		to choreograph
33.	不幸	búxìng	形|名	unfortunate; misfortune, adversity, distress

Exercise One: Remembering Details

细读本文，指出下列句子提供的信息是对的还是错的。如是错的，请改成正确的答案

1. 历史上有的皇帝并不想做皇帝，因为他们胆子太小。（   ）
2. 李煜不断向宋朝示弱，希望宋朝放过他，但是宋朝非要他做皇帝。（   ）
3. 因为宋徽宗赵佶从不关心国家的政治，他相信无恶不作的官员并重用他们，所以后来他的国家被北方的金国战败了。（   ）
4. 虽然赵佶不是一个好皇帝，但他却是一个很有名的书法家和画家。（   ）
5. 明朝皇帝朱由校对当皇帝没有兴趣，只喜欢做木匠活儿。（   ）
6. 明朝皇帝朱由校喜欢让人把他做的家具拿出去卖，因为他可以赚到很多钱。（   ）
7. 明朝皇帝朱由校做的家具很有名，所以人们叫他"鲁班天子"。（   ）
8. 中国历史上有很多皇帝拒绝做皇帝，他们最后成了艺术家。（   ）

Exercise Two: Analyzing Ideas

根据文章内容，选择正确的答案

1. 根据这篇文章，中国历史上有的皇帝觉得做皇帝不舒服，是因为_____。
   A. 太喜欢艺术　　　　B. 做皇帝太累　　　　C. 战争和不稳定
2. 李煜不断向宋朝示弱，并表示自己愿意听宋朝皇帝的话，是因为他希望_____。
   A. 宋朝别侵略他　　　B. 自己能够当诗人　　C. 打败宋朝
3. 宋朝原来很强大，但是赵佶不关心国家政治，喜欢_____，最后被金国打败了。
   A. 打仗　　　　　　　B. 动荡　　　　　　　C. 享乐

4. 明朝皇帝朱由校是个很奇怪的皇帝，他对治理国家不感兴趣，但他做木工活儿却非常_____。

　　A. 勤奋　　　　　　　B. 懒惰　　　　　　　C. 帮助

5. 元朝皇帝元顺帝除了喜欢做木匠，还喜欢_____。

　　A. 写诗　　　　　　　B. 编舞　　　　　　　C. 设计

Exercise Three: Synonyms

根据上下文的意思，找出句中加点词的同义词或它的意思

1. 有人做过统计，中国历史上差不多有四百多位皇帝。（　　　）

　　A. 统一　　　　　　　B. 计算　　　　　　　C. 结合

2. 李煜是个性格十分敏感和温柔的人，他喜欢读书和研究音乐、诗歌。（　　　）

　　A. 感情很多很细　　　B. 骄傲自大　　　　　C. 灵活敏捷

3. 虽然他不是一个称职的皇帝，但他是一个写词的文豪。（　　　）

　　A. 热情洋溢　　　　　B. 容易生气　　　　　C. 尽到责任

4. 宋徽宗只知道沉迷于享乐，他喜欢游山玩水，花了国家的很多钱来建造园林和宫殿，把精力都用在了吃喝玩乐上。（　　　）

　　A. 完全享受　　　　　B. 极其害怕　　　　　C. 非常讨厌

5. 元代统治者写这段历史时讽刺他说："赵佶很聪明，他差不多在艺术上无所不精，但就是不能做一个称职的皇帝！"（　　　）

　　A. 批评　　　　　　　B. 伤害　　　　　　　C. 笑话

6. 他把国家的事情交给坏人把持，结果政府一片混乱，老百姓每天生活在水深火热当中。（　　　）

　　A. 坚持　　　　　　　B. 控制　　　　　　　C. 支持

7. 明朝时国家政治非常动荡，而皇帝朱由校不关心老百姓生活，不管理国家，只喜欢做木工活儿，最后造成了明朝灭亡的隐患。（　　　）

　　A. 不易发现的问题或危险　　B. 影响别人的问题　　C. 很矛盾的问题

8. 他做的东西都是亲自设计，做工既精致又美观大方。（　　　）

　　A. 简单粗糙　　　　　　B. 漂亮细致　　　　　　C. 昂贵特殊

9. 除了上面说的这几位，中国历史上还有一些皇帝的艺术水平也让人们惊叹。（　　　）

　　A. 难过　　　　　　　　B. 害怕　　　　　　　　C. 赞美

Exercise Four: Discussion Questions

讨论下面的问题

1. 为什么历史上的皇帝当中有那么多可以成为艺术家的人？
2. 根据课文，这些差不多能成为艺术家的皇帝大多生活在什么样的时代？他们对艺术的沉迷对他们的国家和老百姓好不好？为什么？
3. 你读过李后主（李煜）的词吗？你喜欢不喜欢他的词？为什么？
4. 跟李煜相比，宋徽宗赵佶是一个什么样的皇帝？他为什么失败了？元代的统治者为什么要讽刺他？
5. 课文中说的这几个可以成为艺术家的皇帝身上有哪些共同的地方和不同的地方？
6. 除了中国的皇帝，在古代，别的国家有没有这样的皇帝或者领导人？如果有，你能不能给大家讲一下儿这方面的故事？

第十七课　爱国爱民的王后息夫人

中国春秋战国时期，有一个诸侯国叫陈国。陈国国王有一个女儿，她不仅美丽温柔，而且知书达理，有很多智慧和非凡的才能，人人都喜爱她。后来，她的父亲把她嫁给了一个叫息国的小诸侯国国王，人们称她为息夫人。

息夫人长得十分美丽，被称为绝色，又加上她才华超人，所以她的名声传得很远很远。这时，另一个大诸侯国——楚国的国王听说息夫人非常漂亮，就决定发起战争来抢夺她。楚国国王带着很多兵马到息国边境，想寻找机会侵略息国，抢走息夫人。

息夫人听到这个消息，非常担心，她劝自己的丈夫赶快做准备。可是没想到息国的国王十分愚蠢，他不仅没有准备打仗抵抗侵略，反而把楚王当作客人请来，还亲自陪他喝酒。他想：我如果把楚王当作客人，对他十分客气，他就会不好意思侵略我国，也不好意思抢我太太了吧。没想到，楚国的国王却没有他想得那么善良。就在喝酒的时候，他找了个借口把息王抓了起来，然后带着士兵去后宫寻找息夫人。

听到丈夫被抓的坏消息，息夫人万分难过，她决心死也不能让楚王得逞。于是她要跳井自杀。这时楚国的一个将军赶到了，他抓住息夫人的裙子劝她说："楚王是为了得到您才来侵略息国的，如果您自杀了，他一定要杀死息国国王和老百姓，息国就要灭亡了。"

息夫人知道，息国的命运全掌握在自己的手里，虽然痛苦到了极点，可是她不能死。她决定蒙受奇耻大辱来保护自己的国家和人民。于是，她向楚王提出了三个条件：（一）不杀息王；（二）不消灭息国；（三）不

第十七课　爱国爱民的王后息夫人

伤害息国老百姓。如果同意,她就跟楚王走。

为了让息夫人高兴,楚王全部答应了她的条件。息夫人忍受着巨大的悲痛离开了息国。她到了楚国后三年没有开口说话,默默地以自己的行为进行反抗。最后,连残暴的楚王都尊敬她这样一个伟大的女子。唐朝著名的诗人王维曾经写过一首诗来赞美这个美丽而勇敢的女子。他写道:

　　　　莫以今时宠,能忘旧时恩。
　　　　看花满眼泪,不共楚王言。

直到今天,人们仍然尊敬和纪念着这样一位敢于用自己的生命反抗残暴强权的刚烈的女性。

根据《左传》故事改编

生词　New Words

1.	非凡	fēifán	形	outstanding, extraordinary, uncommon
2.	绝色	juésè	名	extremely beautiful woman
3.	边境	biānjìng	名	border, frontier
4.	得逞	déchěng	动	to prevail, to succeed (in a derogatory sense)
5.	自杀	zìshā	动	to suicide
6.	裙子	qúnzi	名	skirt
7.	灭亡	mièwáng	动	to be destroyed, to die out
8.	极点	jídiǎn	名	extremity
9.	奇耻大辱	qíchǐ-dàrǔ		great shame

10.	巨大	jùdà	形	huge, gigantic
11.	强权	qiángquán	名	big power, might
12.	刚烈	gāngliè	形	staunch with moral integrity

Exercise One: Remembering Details

细读本文，指出下列句子提供的信息是对的还是错的。如是错的，请改成正确的答案

1. 息夫人是息国国王的女儿，她美丽温柔，知书达理。　　　　（　　）
2. 楚国的国王非常爱息夫人，所以他就到息国来向她求婚。　　（　　）
3. 息国的国王和楚王是好朋友，所以就请他喝酒。　　　　　　（　　）
4. 听到丈夫被楚王抓了起来，息夫人很难过，她非常害怕。　　（　　）
5. 为了救息国的老百姓，息夫人决定牺牲自己，跟楚王走。　　（　　）
6. 因为息夫人爱自己的国家和人民，人们都很尊敬她。　　　　（　　）
7. 为了纪念自己和息王的感情，息夫人十年没跟楚王说话。　　（　　）
8. 因为息夫人不跟楚王说话，楚王把她杀死了。　　　　　　　（　　）

Exercise Two: Analyzing Ideas

根据文章内容，选择正确的答案

1. 楚王来抢息夫人，是因为她_____。
   A. 十分美貌　　　　B. 不喜欢息王　　　　C. 有本领
2. 听到楚王要来侵略的消息，息夫人劝息王_____。
   A. 请他喝酒　　　　B. 把他抓起来　　　　C. 准备打仗
3. 听到息王被抓，息夫人十分难过，她决定要_____。
   A. 让楚王得逞　　　B. 自杀　　　　　　　C. 报复楚王

第十七课　爱国爱民的王后息夫人

4. 楚王为了让息夫人高兴，就答应了_____。

　　A. 三年不说话　　　　B. 杀死息王　　　　C. 三个条件

5. 息王是一个愚蠢的国王，因为他_____。

　　A. 不好意思侵略　　　B. 把敌人当客人　　C. 很多疑

Exercise Three: Synonyms

根据上下文的意思，找出句中加点词的同义词或它的意思

1. 息夫人不仅美丽温柔，而且知书达理，有很多智慧和非凡的才能，人人都喜爱她。
　　（　　　）

　　A. 很普通的　　　　　B. 很不普通的　　　C. 奇怪的

2. 息夫人长得十分美丽，被称为绝色。（　　　）

　　A. 美丽的颜色　　　　B. 有木领的女人　　C. 极其美丽的容貌

3. 息夫人万分难过，她决心死也不能让楚王得逞。（　　　）

　　A. 成功　　　　　　　B. 自杀　　　　　　C. 侵略

4. 虽然痛苦到了极点，可是她不能死。（　　　）

　　A. 积极　　　　　　　B. 耻辱　　　　　　C. 最高点

5. 她到了楚国后三年没有开口说话，默默地以自己的行为进行反抗。（　　　）

　　A. 小心地　　　　　　B. 公开地　　　　　C. 悄悄地

Exercise Four: Discussion Questions

讨论下面的问题

1. 为什么说息王是一个愚蠢的国王？
2. 息夫人为什么要自杀？后来她为什么又愿意跟楚王走？
3. 请说一说息夫人是个什么样的女人，人们为什么纪念她。
4. 你还知道其他类似的故事吗？请给大家介绍一下儿。

第十八课　康熙和《康熙字典》

中国清朝的康熙皇帝是中国历史上在位时间最长的一位皇帝，当皇帝当了将近六十二年。康熙除了统治国家时间长以外，他的一生还有着很多传奇故事，他也是中国历史上最有争议的皇帝之一。有的历史学家认为他很伟大，是后来中国发展强大的开创者；也有人认为他在晚年是个糊涂而且管理国家很混乱的皇帝，为中国以后的发展埋下了隐患。

康熙生活的时代是中国历史上非常复杂的时代。八岁时，他的父亲顺治皇帝就去世了，他继承了皇位。可是，那时候他还是个小孩子，没有能力统治国家，顺治皇帝就立遗嘱请了几个大臣辅助他。但是这里面有的大臣很有野心，他们想自己来统治国家，就欺骗并欺负小康熙。康熙十岁时，宣布自己长大了，要正式做皇帝，可是那些有野心的大臣想控制他甚至想谋害他。但康熙是一个勇敢而且有计谋的少年，他想办法打败了他们，自己终于真正做了皇帝，并开始统治国家。

史书上说，康熙做皇帝时很年轻，可是他很有魄力。在他当政时，国家很不太平，经常有战争。那时候，一些过去曾经帮助建立清朝的军阀如吴三桂等人觉得康熙只是个小孩子，他们就想自己称王，分裂国家。这些军阀一起造反，搞得天下大乱。当时不到二十岁的康熙坚决主张消灭分裂势力，跟他们血战到底。最后，他彻底战败了这些造反的军阀。在这以后，康熙皇帝又收复了台湾，使中国得到了进一步的统一。

除了管理好国内的政事以外，康熙也是一个关心国际大事的皇帝。在统治期间，康熙帮助中国西北部蒙古民族解决纠纷，保卫了清朝的领土。他做的最有名的事情之一是他驱逐了当时侵略中国的沙俄势力，保卫了

第十八课　康熙和《康熙字典》

中国的北方边疆。所以，在国际上，康熙也被认为是一个以勇敢而著称的皇帝。

康熙执政的时候还是清朝初期，清朝统治者是满族人，他们跟当时占中国人口绝大多数的汉族人有矛盾。皇帝当然袒护满族人，可是因为汉人是中国的主要人口，如果民族矛盾解决不好，这个国家就不可能太平。康熙是一个开明又聪明的统治者。他认为，要想让中国进一步和平统一，就要注重民族团结，缓和民族矛盾和阶级矛盾。

他开始注重跟汉族人的团结，选用汉族读书人做官员。同时，他还采取尊重汉族文化、尊重中华文明传统和孔子思想的方法来统治国家。在康熙时代，他注重扶持农业、发展经济，使得国家渐渐富强起来。同时，康熙皇帝还注重发展贸易，加强了跟别的国家进行贸易往来等。

康熙还是一个好学的皇帝。史书上说，他从小学习就很努力，不但学习满族文化，还认真学习汉语和汉文化，学习儒家传统。康熙还跟着从海外来的西方传教士学习外国的科学与技术等。通过努力，他的时代成了一个伟大的时代。有人说康熙时代是"盛世"，还有人说他是一位了不起的政治家和"千古一帝"。虽然康熙一生做了很多好事，可是到了晚年，他变得有些懒惰，不再好好儿管理国家，让这个时期的政府变得很混乱。他也开始变得保守，反对科学。有人说，就是他的这种态度影响了后来中国科技的发展。总之，康熙是个有争议的皇帝。今天，中国仍有很多电影和电视剧在演说着他的故事。

在中国文化方面，康熙皇帝还做了一件很有贡献的大事，就是命人编写了《康熙字典》。在中国古代，虽然读书人很注重学习，但是一直缺少一本学习文字的权威工具书。康熙发现了这个问题。他组织了当时一些著名的官员和文人，在前人编写的同类书的基础上，总结编写出中国历史上第一本以"字典"命名的工具书。

康熙召集了当时中国最优秀的学者，花了六年时间才编成这部字典。这部字典一共收录了四万七千多个汉字，是中国**有史以来**到清朝最全面、收字最多的工具书。除了收字多，这本字典还有很多优点，比如查字方便，解释简单、清楚、易懂；而且，选字和举例时还会告诉读者这个字的来源。这本字典面世以后，受到了读书人的欢迎。

当然，因为《康熙字典》内容很多，而且又是中国历史上第一本这样的工具书，所以也出现了一些问题。后来有学者曾批评过这本字典，甚至改编了其中的一些内容，还有的读书人在改编时没有注意到这本书里皇帝的**名讳**。这让康熙的孙子乾隆皇帝非常生气。乾隆皇帝利用这个借口惩罚甚至处死了很多读书人。

《康熙字典》出版后，它不只是受到了中国人的重视和欢迎，而且对日本、韩国、越南等亚洲国家的文化也产生了重要影响。后来，来中国留学的外国人也用《康熙字典》作为学汉语的重要工具。

有趣的是，虽然康熙皇帝为编写这本字典操了很多心、花了很多精力，但这本书出版时并没有用"康熙"来命名，而只是叫作《字典》。一直到出版了一百多年以后，才由他的第四代后人道光皇帝正式命名为《康熙字典》。从这件事上看，也许这位康熙皇帝还是很谦虚的呢。

生词 New Words

1.	在位	zàiwèi	动	to be on the throne
2.	传奇	chuánqí	名	legend
3.	争议	zhēngyì	动	to controvert, to dispute
4.	开创者	kāichuàngzhě	名	founding father, pioneer

第十八课 康熙和《康熙字典》

5.	遗嘱	yízhǔ	名	will, testament
6.	辅助	fǔzhù	动	to assist, to support
7.	谋害	móuhài	动	to plot to murder
8.	魄力	pòlì	名	daring and resolution, vigor, courage
9.	分裂	fēnliè	动	to split, to break up
10.	血战	xuèzhàn	动	to sanguinary battle, to bloody battle
11.	收复	shōufù	动	to recapture, to regain, to reoccupy
12.	纠纷	jiūfēn	名	dispute, dissension
13.	驱逐	qūzhú	动	to drive out, to expel, to dislodge, to banish, to deport
14.	袒护	tǎnhù	动	to be partial to, to give unprincipled protection to, to shield
15.	开明	kāimíng	形	open-minded, enlightened
16.	缓和	huǎnhé	动	to reconcile, to compromise
17.	传教士	chuánjiàoshì	名	missionary, preacher
18.	盛世	shèngshì	名	flourishing age, grand occasion
19.	工具书	gōngjùshū	名	reference book
20.	同类	tónglèi	形	of the same kind, similar
21.	有史以来	yǒushǐyǐlái		throughout history, of all time
22.	名讳	mínghuì	名	name for the respected people, forbidden words of name

专名 Proper Noun

| | 沙俄 | Shā'é | | Tsarist Russia, Russian Empire |

Exercise One: Remembering Details

细读本文，指出下列句子提供的信息是对的还是错的。如是错的，请改成正确的答案

1. 虽然康熙皇帝是中国历史上在位时间最长的皇帝，但他统治国家的时间不太长。　　　　　　　　　　　　　　　　　　　　　（　　）
2. 因为康熙继承皇位时年龄太小，所以他没有能力管理国家。（　　）
3. 康熙十岁时就宣布正式做皇帝，虽然他那时很年轻，但他很勇敢，后来为进一步统一中国做出了很多贡献。　　　　　　　　（　　）
4. 康熙不仅维护了国内的统一，还在国际上保护了中国的土地。（　　）
5. 康熙太袒护满族人了，这在中国历史上造成了很多民族矛盾。（　　）
6. 康熙执政时比较注意发展经济，所以国家变得越来越富强。（　　）
7. 康熙是个好学的皇帝，但是他比较喜欢学习儒家传统，却不愿意学习西方的科技。　　　　　　　　　　　　　　　　　　　（　　）
8. 后代的学者对康熙的评价很矛盾，有人赞美他，有人批评他。（　　）
9. 康熙非常勤奋，花了六年的时间，最后终于编成了《康熙字典》。（　　）
10. 《康熙字典》非常有名，因为它是中国第一本研究文字的工具书。（　　）
11. 后来有的读书人在改编《康熙字典》时没有注意到皇帝的名讳问题，康熙皇帝发现后很生气，用这个借口杀死了很多读书人。（　　）

Exercise Two: Analyzing Ideas

根据文章内容，选择正确的答案

1. 康熙是中国历史上在位时间最长的皇帝，因为他当皇帝时_____。
   A. 很有争议　　　B. 年龄很小　　　C. 非常勇敢
2. 康熙生活的时代是中国历史上非常复杂的时代，他才_____就继承了皇位。
   A. 十岁　　　B. 二十岁　　　C. 八岁

3. 康熙刚当政的时候，国家很不太平，那时候有_____想分裂国家。

   A. 沙俄   B. 军阀   C. 台湾

4. 康熙用_____的办法解决了民族矛盾，让中国得到了进一步的和平统一。

   A. 袒护满族人   B. 发展经济   C. 尊重汉族文化

5. 有人说康熙时代是"盛世"，是因为这个时代的中国_____。

   A. 国家富强   B. 皇帝勇敢   C. 学儒家传统

6. 《康熙字典》在中国历史上非常有名，是因为它是_____。

   A. 皇帝编的   B. 第一本权威工具书   C. 第一本以"字典"命名的工具书

Exercise Three: Synonyms

根据上下文的意思，找出句中加点词的同义词或它的意思

1. 康熙皇帝是中国历史上最有争议的皇帝之一。（　　）

   A. 争论   B. 斗争   C. 赞扬

2. 史书上说，康熙做皇帝时很年轻，可是他很有魄力。（　　）

   A. 坚强勇敢   B. 聪明懂事   C. 勇敢有气魄

3. 康熙是一个开明又聪明的统治者。他认为，要想让中国进一步和平统一，就要注重民族团结，缓和民族矛盾和阶级矛盾。（　　）

   A. 很勇敢   B. 懂道理   C. 很努力

4. 在康熙时代，他注重扶持农业、发展经济，使得国家渐渐富强起来。（　　）

   A. 支持   B. 坚持   C. 控制

Exercise Four: Discussion Questions

讨论下面的问题

1. 人们为什么对康熙皇帝的评价不一样？你觉得他是一个怎样的皇帝？
2. 请你根据课文说一说康熙皇帝在中国历史上做出了哪些比较大的贡献。
3. 康熙皇帝是怎样解决满族人和汉族人的矛盾的？你觉得他的方法怎么样？

4. 为什么说康熙是一个好学的皇帝？请举例说明一下儿。

5. 康熙皇帝为什么要编字典？《康熙字典》有什么特点？

6. 《康熙字典》除了对中国读书人有影响外，还对哪些国家产生了影响？

7. 《康熙字典》刚出版时叫什么名字？它是什么时候开始叫《康熙字典》的？

第十九课　溥仪皇帝登基

溥仪是中国历史上的最后一个皇帝，他当皇帝的时候还不到三岁。溥仪并不是皇帝的儿子，他是慈禧太后亲信的后代，是慈禧决定让他当的皇帝。慈禧病危的时候，她让太监把溥仪接进了宫里。溥仪刚进宫三天，慈禧太后就死了，于是，小小的溥仪就登基当上了皇帝。溥仪在《我的前半生》中是这样描述他当时是如何登基的：

在我不到三岁那年的十月二十日的傍晚，我们家突然发生了一场混乱。宫里的太后忽然派人到我家传了一道圣旨，说是接我进宫当皇帝。我的奶奶还没听完圣旨就昏过去了。她知道宫廷是个很可怕的地方，她不愿意在我这么小的时候就失去我。奶奶一昏过去，大家都急得到处找药找医生抢救奶奶。我父亲更是吓得不知道怎么办才好。他一会儿忙着招待宫里的人，一会儿叫人给我穿衣服，同时还要照顾昏过去的奶奶。这时候，宫里来的大臣还等着接我这个未来的皇帝进宫。而我这个未来的皇帝却在"抗旨"，我又哭又闹不让太监抱我。"皇帝"一生气，他们就没有了办法。当时在场所有的大官，包括我的父亲都傻眼了。大家你看看我，我看看你，不知道该怎么做才好。

就在这时，我的奶妈看我小小年纪哭得可怜，就把我抱在怀里让我吃奶。我一吃奶就不哭了。这一下子启发了我父亲和这些大官们，他们决定让奶妈和我一起进宫，这样我就不会再哭闹了。

到了宫里，我就被抱着去见慈禧太后。我只记得当时我进到一个大房子里，到处都是阴森森的。人们把我推到前面去，我突然看到了一张又老又瘦的吓人的脸——这就是慈禧。据说当时我一看见慈禧就大哭，慈禧让人给我糖果我也不要，我大哭着要找奶妈，哭得慈禧很不高兴，她立刻命人把我抱走了。

我入宫的第三天，慈禧就去世了。又过了半个多月，就开始了我的"登基大典"。皇帝登基是最大的一件喜事，可是这个大典被我哭得大煞风景。

大典是在皇宫最大的宫殿里举行的。大典之前，所有的大臣都先在中和殿给我磕头，然后我再去太和殿接受文武百官的朝贺。那天冷极了。我等着他们给我磕头，那么多的人，磕了那么长时间，后来我又被抬到又高又大的皇帝宝座上的时候，我再也忍不住了，害怕地放声大哭起来："我不要在这儿，我要回家！我不要在这儿，我要回家！"皇帝一哭，谁都没有了办法。我父亲也是大臣，他只好跪下来扶着我，哄我说："别哭别哭，快完了，快完了！"

大典结束后，文武百官们都不高兴地议论起来："怎么能说'快完了'呢？这是不吉利的话啊！"

事实上，后来不到三年，清朝真的结束了，以至于后来有的书上说，我的哭和我父亲说"快完了"的话是不祥的预兆。其实那句话并不是什么预兆，当时中国已经开始有人提倡革命了，中国的社会也已经开始发生了很大的变化。历史发展到了这一时期，也许皇帝制度真的应该结束了。

根据溥仪《我的前半生》改写

生词 New Words

| 1. 太后 | tàihòu | 名 | empress dowager, queen mother |

第十九课 溥仪皇帝登基

2.	亲信	qīnxìn	名	trusted followers
3.	病危	bìngwēi	动	to be critically ill
4.	登基	dēng jī		to ascend throne
5.	圣旨	shèngzhǐ	名	imperial edict
6.	抢救	qiǎngjiù	动	to rush to save
7.	招待	zhāodài	动	to receive (guests), to serve (customers)
8.	未来	wèilái	名	future
9.	抗旨	kàng zhǐ		to refuse to obey imperial edict
10.	傻眼	shǎ yǎn		to be stunned, to be dumbfounded
11.	可怜	kělián	形	pitiful
12.	启发	qǐfā	动	to enlighten, to stimulate
13.	阴森森	yīnsēnsēn	形	gloomy and clammy
14.	推	tuī	动	to push
15.	煞风景	shā fēngjǐng		to spoil the fun
16.	朝贺	cháohè	动	to congratulate in court
17.	宝座	bǎozuò	名	throne
18.	不祥	bùxiáng	形	unfortunate, unlucky
19.	预兆	yùzhào	名	omen, forebode, harbinger

专名 Proper Noun

| | 慈禧 | Cíxǐ | | dowager CiXi |

Exercise One: Remembering Details

细读本文，指出下列句子提供的信息是对的还是错的。如是错的，请改成正确的答案

1. 溥仪是慈禧太后的后代，所以他当了皇帝。　　　　　　　　　（　　　）
2. 听说溥仪要进宫去当皇帝，他奶奶高兴得昏过去了。　　　　　（　　　）
3. 溥仪的奶妈喜欢到宫廷里去，所以愿意好好儿照顾他。　　　　（　　　）
4. 溥仪见到慈禧以后很高兴，因为他快要做皇帝了。　　　　　　（　　　）
5. 溥仪进宫半个月以后，慈禧太后就死去了。　　　　　　　　　（　　　）
6. 因为登基大典时间太长，天气又冷，溥仪忍不住哭了。　　　　（　　　）
7. 溥仪只当了差不多三年皇帝，清朝就结束了。　　　　　　　　（　　　）

Exercise Two: Analyzing Ideas

根据文章内容，选择正确的答案

1. 因为溥仪是＿＿＿＿＿＿＿，所以他当了皇帝。
   A. 皇帝的儿子　　　　B. 慈禧亲信的后代　　　　C. 不到三岁
2. 溥仪三岁时他家里忽然发生了混乱，因为＿＿＿＿＿＿＿。
   A. 溥仪奶奶昏过去了　　B. 慈禧要溥仪当皇帝　　C. 慈禧死了
3. 溥仪见到了慈禧就大哭，因为＿＿＿＿＿＿＿。
   A. 慈禧不高兴　　　　B. 他觉得慈禧可怜　　　　C. 他很害怕
4. 登基大典那天溥仪大哭是因为＿＿＿＿＿＿＿。
   A. 慈禧去世了　　　　B. 他很害怕　　　　　　　C. 他太激动了
5. 清朝的结束是因为＿＿＿＿＿＿＿。
   A. 溥仪太小　　　　　B. 有不祥预兆　　　　　　C. 革命的发生

Exercise Three: Synonyms

根据上下文的意思，找出句中加点词的同义词或它的意思

1. 溥仪是慈禧太后亲信的后代，是慈禧决定让他当的皇帝。（　　　）
   A. 好朋友的家人　　　　B. 关系好的亲戚　　　　C. 亲近而信任的人

2. 大家都在着急，而我这个未来的皇帝却在"抗旨"。（　　　）
   A. 不听长辈的话　　　　B. 不听皇帝的话　　　　C. 反抗指示

3. 皇帝登基是最大的一件喜事，可是这个大典被我哭得大煞风景。（　　　）
   A. 使人扫兴　　　　　　B. 使不公正　　　　　　C. 不成功

4. 有的书上说，我的哭和我父亲说"快完了"的话是不祥的预兆。（　　　）
   A. 准备　　　　　　　　B. 提前　　　　　　　　C. 前兆

5. 当时中国已经开始有人提倡革命了，中国的社会也已经开始发生了很大的变化。（　　　）
   A. 发起　　　　　　　　B. 批评　　　　　　　　C. 进行

Exercise Four: Discussion Questions

讨论下面的问题

1. 溥仪不是皇帝的儿子，他为什么能够继承皇位？
2. 溥仪家里得到圣旨要他去当皇帝，他奶奶为什么听到这个消息昏了过去？
3. 溥仪为什么不愿意到宫里去？他为什么不喜欢慈禧？
4. 在这篇文章里溥仪哭了几次？作者是怎样描写他的哭的？
5. 清朝是被溥仪哭"完"或他爸爸给说"完"的吗？为什么文武百官们说他哭和他父亲说的话不吉利？

4 单元　传统的中国家庭

预习提示：

1. 中国的传统家庭和西方的传统家庭有什么不同？古代家庭和现代家庭有什么不一样？
2. 你喜欢中国的传统家庭吗？中国家庭和西方家庭最大的不同是在什么方面？
3. 现代中国人的家庭观念为什么改变了？

第二十课　传统的中国家庭

熟悉中国文化的人都知道，中国是一个十分**重视**家庭关系的民族。家庭是中国社会中一个最小的**单位**，也是一个最重要的单位。中国人认为家庭**和睦**是最重要的。人们常说："**家和万事兴**。"怎样才能使家庭关系保持和睦呢？最关键的一点就是一个人在家里要守**规矩**、懂道理，尊重家庭的礼节和**秩序**；一家人要互相关心、互相爱护和互相照顾，为了家庭的利益，个人应该牺牲自己的利益。在家里，人人都应该尊敬和服从长辈。在传统社会中，中国人的**梦想**是多子多福，组建一个大家庭，一家几代人永远**团圆**在一起，三世同堂或四世同堂。但是，随着现代社会生活形式的变化和生活节奏的加快，这种传统的梦想越来越**不合时宜**且难以实现，传统式的中国大家庭也越来越少了。

中国人家庭最主要的一个特点是敬老和尊重权威。中国是一个祖先崇拜的社会。在**遥远**的古代，人人都听从老年人的话，在家里则听父母的话。一方面因为他们有着丰富的知识和经验；另一方面是因为他们是长辈，他们给了你生命，你应该永远感激他们。就这样，孩子们尊重自己的父母，父母则尊重他们的父母，因此，年纪最大、辈分最高的人就得到最大的尊重。一代传一代，中国人的这种敬老的传统就发展起来了。除了敬老以外，中国人还尊重权威。尊重权威是孔子提倡的。孔子认为，家是社会的一个**缩影**，而社会则是一个**扩大**了的"家"。社会的权威如**知县**、**知府**、**巡抚**就是社会这个大家庭的职务不同的家长，皇帝则是最大的家长。如果每一个"家庭"都管理好了自己，一个社会就会得到平安。敬老和尊敬权威的观点是**一致**的。孔子曾经说过，如果一个人孝敬父母就会尊重权威，尊重权威就会服从领导，服从领导就不会造反，所以尊重长辈和尊重权威是一个国家的立国之本。由于孔子的话有利于皇帝的统治，他关于敬老和尊重权威的主张受到了中国历代皇帝的**拥护**和称赞。

中国人家庭的第二个特点是要求晚辈**孝顺**。"孝"就是尊敬、爱护、照顾长辈；"顺"就是要**无条件**地服从，长辈说得对当然要服从，即使他们说得不对也要服从。在传统的中国社会里，有时候父母或长辈说的话就像是法律，晚辈连想跟他们讨论、**商量**一下儿都会被认为是不懂礼貌或不懂道理。在传统中国，孝敬被社会**公认**为是一种美德，说一个人"不孝"则是对他的一种**严厉**的**谴责**。在封建社会，长辈决定晚辈的一切，青年人的婚姻问题总会受到家庭和长辈的**干涉**。中国传统思想认为，儿子孙子越多，家庭越**兴旺**，因此家家都想多生男孩儿，早生男孩儿。为了达到这个目的，父母总是希望他们的儿子早结婚，早生出下一代的男孩儿。在传统的中国社会，年轻人的婚姻**大都**是长辈决定的，所以叫"**包办**婚姻"。结婚以前，丈夫和妻子不能见面，甚至连对方长什么样都不知道。

传统中国家庭的第三个特点是**男尊女卑**。重男轻女的思想不仅表现在男人的思想行为上，而且表现在女性的长辈那里。在传统的中国人家庭里，不仅是爷爷和爸爸，即使是奶奶和妈妈，也是更加关心男孩子，家里的姐妹们也都自觉地事事让着小弟弟。传统中国人的家庭对男孩儿比较**溺爱**，对女孩儿则有很多特别的要求。比如说，中国的封建道德要求女子要服从"**三从四德**"。什么是三从四德呢？那就是要求女子要无条件地听从男人的话。三从是"未嫁从父，既嫁从夫，夫死从子"；而四德则要求女子要有品德、会说话、注重仪表、会做家务等。由于中国传统社会对女子有着很多约束，封建的中国家庭对女儿的要求也非常严格。比如在她们小时候教育她们要遵守妇女的道德、服从别人和怎样做家务；结婚以后要孝敬公婆、听丈夫的话。中国有句**谚语**叫作"**嫁出去的女儿，泼出去的水**"，意思是说对已经结婚的女儿父母就没有权利来干涉她的生活了。

中国人家庭的第四个特点是重视教育，尊重读书人。中国自古以来就是一个注重教育的国家，在中国历史上，读书人一直受到社会的尊重。早在孔子以前的时代，很多国君都需要读书人帮助他们出主意来领导和治理国家。到了后来，皇帝也往往相信和依靠一部分读书人来帮助他们治理国家。此外，国家还通过考试来选拔官员和人才。这样，由于国家和政府的提倡和鼓励，很多人刻苦学习，努力奋斗，希望靠读书来出人头地、光宗耀祖。孔子提倡"读书做官"，读书做官是中国老百姓世世代代一个翻身的梦想。这种传统的想法一直延续到了今天。在今天，读书虽然不能像过去那样做官，但是读了书，有了知识就能有更好的工作和更好的前途，所以，中国人仍然非常注重孩子的教育。家长总是希望他们的孩子上最好的大学，读最高的学位。

传统的中国人关于家庭的观念也深深地影响了现代中国人的思想。比如，中国人总是喜欢大家庭，人口越多越好，这种想法造成了现代中国的人口问题。20世纪后期，因为人口太多，中国的自然资源有很多的局限，由此产生了住房、教育、就业等一系列的社会问题。

当然，随着社会的发展，中国人的家庭观念也在发生着变化，现代中国社会的家庭结构也发生了变化，基本以小家庭为基本结构单位。年轻一代越来越多地离开了自己的家乡到外面的世界去求学工作。虽然远离家乡，中国人的家庭观念还是比较强烈的。过年过节的时候，只要有可能，晚辈的儿孙总是千里迢迢地赶回家乡和家人团聚，共同庆祝节日；即使因各种条件的限制不能回家，中国人一定要向遥远的家人致意问好，祝福长辈和家人幸福平安。

随着中国现代社会的发展，中国家庭的结构已经在发生改变。尽管中国人受到了西方现代化思想的很多影响，但传统中国人关于家庭的观念仍然影响着广大中国人的想法和做法，即使在海外，很多华侨或外籍华人仍然保留着一些中国人的传统和习惯。

生词 New Words

1.	熟悉	熟悉	shúxi	动	知道得很清楚 to be familiar with
2.	重视	重視	zhòngshì	动	特别认真地对待，看重 to pay specific attention to
3.	单位	單位	dānwèi	名	指机关、团体、组织等的各个部门 unit
4.	和睦	和睦	hémù	形	相处得好 harmony, amity
5.	兴	興	xīng	形	旺盛，流行 prosperous
6.	规矩	規矩	guīju	名	一定的标准，法则 regulation, rule
7.	秩序	秩序	zhìxù	名	整齐、有条理的情况 order
8.	梦想	夢想	mèngxiǎng	名	理想的事情，幻想 dream
9.	团圆	團圓	tuányuán	动	一家人聚在一起 to reunite
10.	不合时宜	不合時宜	bùhé shíyí		不符合当时的情况 untimely
11.	遥远	遙遠	yáoyuǎn	形	非常远 remote, far away
12.	缩影	縮影	suōyǐng	名	对事件或事物有代表性的表现 epitome, miniature
13.	扩大	擴大	kuòdà	动	（范围、规模等）从小变大 to enlarge
14.	知县	知縣	zhīxiàn	名	县官 county magistrate
15.	知府	知府	zhīfǔ	名	明清两代称一府的长官 magistrate of a prefecture

16. 巡抚	巡撫	xúnfǔ	名	古代官名，明代称临时派到地方巡视、监督地方民政、军政的大臣，清代称掌管一省民政、军政的长官　grand coordinator, governor
17. 一致	一致	yízhì	形	统一的，没有不同的　identical, unanimous
18. 拥护	擁護	yōnghù	动	赞成并支持　to support, to endorse
19. 孝顺	孝順	xiàoshun	动	尊敬长辈并听他们的话　to show filial obedience
20. 无条件	無條件	wútiáojiàn	动	不提出任何条件　unconditionally
21. 商量	商量	shāngliang	动	讨论　to discuss
22. 公认	公認	gōngrèn	动	大家一致认为或承认　to be generally acknowledged
23. 严厉	嚴厲	yánlì	形	严肃而厉害　stern, severe, strict
24. 谴责	譴責	qiǎnzé	动	严厉地批评责备　to condemn, to denounce
25. 干涉	干涉	gānshè	动	强行过问或制止别人的事　to interfere
26. 兴旺	興旺	xīngwàng	形	旺盛，兴盛　prosperous
27. 大都	大都	dàdōu	副	大多数　almost
28. 包办	包辦	bāobàn	动	独自做主决定，代替别人去办　to take care of everything concerning a job
29. 男尊女卑	男尊女卑	nánzūn-nǚbēi		尊敬男人，看不起女性，以男性为中心　male chauvinism
30. 溺爱	溺愛	nì'ài	动	对孩子过分地爱　to spoil, to dote on
31. 谚语	諺語	yànyǔ	名	民间流传的意义深刻的固定句子和特定的语言表达方法　proverb

32.	选拔	選拔	xuǎnbá	动	挑选并推荐 to choose, to select
33.	出人头地	出人頭地	chūréntóudì		超出一般人，高人一等 to stand out among one's fellows
34.	光宗耀祖	光宗耀祖	guāngzōng-yàozǔ		让祖宗和家族感到光荣 to gain honor for one's ancestors
35.	翻身	翻身	fān shēn		解放自己，改变落后面貌或不好的处境 to free oneself, to stand up
36.	资源	資源	zīyuán	名	原料和劳动力的来源 resources
37.	局限	局限	júxiàn	动	限制在一定的范围 to limit
38.	就业	就業	jiù yè		找到或参加工作 to get a job
39.	千里迢迢	千里迢迢	qiānlǐ-tiáotiáo		很远很远的路 over a great distance
40.	限制	限制	xiànzhì	动|名	不许超过规定的范围；范围 to restrict, to confine; restriction
41.	致意	致意	zhìyì	动	表示想念、问候 to give one's regards
42.	祝福	祝福	zhùfú	动	祝愿别人平安幸福 to bless
43.	平安	平安	píng'ān	形	和平安宁 peaceful

习惯用语和特殊表达用语

1. **家和万事兴**：家庭和睦团结就能兴旺。

   ［和］和睦，和谐。［兴］兴旺。

   （1）中国人认为家庭关系非常重要，长辈们常说"家和万事兴"，他们非常注重家庭内部的团结。

（2）家和万事兴是一个家庭甚至是一个社会的基础。只有拥有了和谐的家庭，稳定的环境，才能拥有社会的安宁。

2. 不合时宜：不符合当时的情况或需要，机会不好。

   [合] 符合。

   （1）你怎么能在这个时候提出这种要求呢，真是太不合时宜了！

   （2）虽然他的想法现在提出来有点儿不合时宜，但是仔细想一想实际上还是很有道理的。

3. 三从四德：古时候妇女要遵守的一些传统道德。

   [从] 服从，遵守。

   （1）有人说"三从四德"是中国古代文化的传统美德，你认为这话对吗？

   （2）今天，很多传统的道德标准都受到了年轻一代的怀疑和批判。像"三从四德"这样的观念现代妇女认为早已过时了。

4. 嫁出去的女儿，泼出去的水：这是古代社会流传下来的说法，意思是已经出嫁的女儿就像泼到地上的水一样，娘家不能过问女儿的事。比喻嫁娶关系不可挽回。

   （1）过去很多中国的家庭不知道怎样保护女儿的利益，他们总是认为"嫁出去的女儿，泼出去的水"。

   （2）不仅是中国，其他一些国家的文化也认为"嫁出去的女儿，泼出去的水"，女孩子结婚以后应该完全听夫家的话。

5. 出人头地：超出一般人，比别人强或高人一等。

   （1）从那以后，他决心要练出一身好功夫，长大了一定要出人头地。

   （2）虽然比尔后来没有出人头地，但是他帮助老百姓做了很多好事，人们都很尊敬他，把他当作自己的朋友。

6. 光宗耀祖：做伟大的事，使自己的家庭和祖宗都感到光荣。

   ［耀］使闪光。

   （1）他梦想有一天自己能当上大官，光宗耀祖。

   （2）从小我们中国的父母就教育我们要刻苦读书、光宗耀祖，你们美国人有这样的观念吗？

7. 千里迢迢：非常遥远。

   ［迢迢］形容路途遥远，看不到头。

   （1）很多游客千里迢迢地来这儿参观这绝美的景色。

   （2）她千里迢迢地从美国赶回来参加她最好的朋友的婚礼。

句型和词语操练

• 重视

1. 传统的中国家庭非常重视教育，他们认为读书是一个人一生中要做的最重要的事情。

2. 凡是重视传统文化的民族，_____。

3. 如果他真的那么重视这件事，_____。

• 和睦

1. 他们兄弟之间的关系一直不太和睦，请你帮忙劝劝他们吧。

2. 只有国家和国家之间的关系和睦了，_____。

3. 要是同事之间的关系不和睦，_____
_____。

• 梦想

1. 他从小就梦想当一名科学家，可是没想到后来却当了一名歌手。
2. 溥仪失去了自己的皇位以后，_____
_____。
3. 他告诉我他的梦想是_____
_____。

• 提倡

1. 虽然人们的生活水平提高了，但是我们也应该提倡适度消费。
2. 由于这个城市严重缺水，因此政府提倡_____
_____。
3. 要养成读书的好习惯，我们提倡_____
_____。

• 一致

1. 在这样的情况下，我们一致认为我们应该帮助他。
2. 他们对这个问题的看法不太一致，_____
_____。
3. 他们对这个问题的看法不一致一点儿也不奇怪，_____
_____。

• 历来

1. 中国人民历来就有尊老爱幼的传统美德。

2. 他说他历来就不喜欢吃西餐，_____
_____。

3. 他办事历来_____
_____。

• **无条件**

1. 她说如果我遇到困难，一定会无条件地帮助我。

2. 感谢你在这个时候能够无条件地支持我，_____
_____。

3. 他笑了笑说："我的帮助不是无条件的，_____
_____。"

• **公认**

1. 请你别误会他，他是一个公认的好人，不会故意伤害你的。

2. 虽然大家公认这件事应该这样处理，_____
_____。

3. 社会公认的道理也不一定都是对的，比如说_____
_____。

• **干涉**

1. 现在的情况和过去有了很大的不同，父母已经不再干涉孩子们的婚姻自由了。

2. 难道因为这个国家强大，它就有权利干涉别的国家的事务了吗？

3. 他已经不是第一次干涉别人的事情了，_____
_____。

第二十课　传统的中国家庭

• **大都**

1. 凡是受到过中国文化影响的人大都知道敬老爱幼是中国传统文化的一个很重要的方面。
2. 他认为没有受过教育的人大都_____
   _____。
3. 谁说凡是有钱的人大都是财大气粗的人？_____
   _____。

• **约束**

1. 你要想让别人改变对你的看法，就必须从现在开始好好儿约束自己的行为。
2. 一个不善于约束自己的人_____
   _____。
3. 他从来只要求别人约束自己的行为，_____
   _____。

• **选拔**

1. 为了这次比赛能取得好成绩，这所高中选拔出了最优秀的五十个学生来准备比赛。
2. 通过层层考试选拔，她_____
   _____。
3. 她的心里很难过，几次选拔她都没被选上，_____
   _____。

• **限制 (V/N)**

1. 虽然他这件事情做得不对，可是你也不能因此就限制他说话的权利。
2. 这儿并没有人限制他，但是_____
   _____。

3. 你们对他的不友好的态度对他实际上就是一种限制，_____
_____。

4. 不管你多么有钱，你都没有权利去限制一个人的自由。你的钱可以买来_____，
但并不能_____。

一、根据课文内容，回答下列问题

1. 为什么说中国是一个最注重家庭关系的民族？
2. 从课文中哪些方面可以看出中国是一个十分重视家庭关系的民族？
3. 中国人为什么喜欢大家庭？大家庭有什么好处和坏处？
4. 中国人为什么会有敬老和尊敬权威的传统？你认为这种传统有什么特点？值得提倡吗？
5. 谈一谈你所理解的中国人的"孝顺"。你认为中国人的孝顺观念对不对？西方人有没有孝顺观念？
6. 传统的中国社会为什么对女人有那么多过分的要求？他们为什么要约束女子的生活和行为？
7. 中国人为什么那么重视教育、尊敬读书人？
8. 现在中国人的家庭结构在发生着一种什么样的新变化？

二、用下列词语造句

1. 秩序：_____
2. 重视：_____
3. 不合时宜：_____

4. 公认：_____

5. 商量：_____

6. 严厉：_____

7. 谴责：_____

8. 千里迢迢：_____

9. 溺爱：_____

10. 出人头地：_____

11. 局限：_____

三、找出下列每组词中的同义词

- 重视　　注重　　严重　　重要
- 和睦　　团结　　合作　　和平
- 秩序　　制度　　纪律　　严格
- 提倡　　拥护　　表扬　　倡导
- 一致　　一起　　一切　　一样
- 严厉　　严格　　严肃　　严重
- 谴责　　批判　　责备　　责任
- 干涉　　关系　　过问　　责备
- 大都　　多数　　也许　　有时
- 约束　　结束　　限制　　大约
- 选拔　　推荐　　选举　　挑选
- 局限　　限制　　范围　　规矩

四、选词填空

> 秩序　提倡　重视　权威　熟悉　牺牲　梦想　限制　历来
> 干涉　公认　局限　胜过　商量　大都　谴责　一致　扩大

1. 这个工作每天都要使用电脑，不_____电脑的人不能申请这个工作。
2. 我们应该_____一个人的实际工作能力呢还是应该_____他的知识水平呢？
3. 不管你到哪个国家你都应该遵守_____。
4. 为了能专心读完博士，她决定再做出一些_____，晚几年再结婚。
5. 我一直_____着有一天能亲自去看看长城到底是个什么样子。
6. 虽然中国法律不反对年轻人喝酒，可是我们并不_____年轻人喝酒。
7. 虽然我尊重_____，可是我并不一定要服从他们。
8. 为了_____产品的影响，他们公司天天在电视上做广告。
9. 虽然我和他的意见并不完全_____，但我仍然支持他的工作。
10. 我们_____主张，看一个人的品格应该全面考察，不能因为一个人做错了一件事就全面否定他。
11. 这件事我跟他_____了好多次，一直没有结果。
12. 他学习非常努力，是全体老师_____的最优秀的学生。
13. 他虽然成功了，可是他的做法受到了很多人的_____。
14. 差不多所有的父母都关心自己孩子的婚事，你不能把关心当成_____。
15. 他说凡是热爱生活的人_____喜爱花儿，你觉得这个说法对吗？
16. 他说法国的丝绸_____中国的丝绸，你相信吗？
17. 在这方面虽然你是权威，可是你也不能_____别人的思想，大家可以一起讨论一下儿。
18. 看问题一定要全面，不能_____于某一个方面。

五、用括号里的词语改写句子

1. 中国的传统文化要求晚辈要听长辈的话，一方面因为他们有更丰富的生活知识和经验，另一方面是因为他们是长辈，他们给了你生命，你应该永远感激和孝敬他们。（不但……而且……）

2. 中国人不但尊敬老年人和自己的父母，而且还尊重权威。（除了……以外，……还……）

3. 孝顺就是要无条件地服从长辈说的话。他们说得对当然要听，即使他们说得不对也要服从。（虽然……但是……）

4. 在传统的中国社会里有时候父母或长辈说的话就像是法律，连想跟他们讨论、商量一下儿都会被认为是不懂礼貌或不懂道理。（如果……就……）

5. 在今天，读书虽然不能像过去那样做官，但是读了书，有了知识就能有更好的工作和更好的前途，所以，中国人仍然非常注重孩子的教育。（即使……然而……）

6. 这么多年过去了，重男轻女的传统观念还是深深地影响着现代中国人。（虽然……但是……）

六、写作练习

1. 用一句话来总结课文中每一个段落的意思。
2. 用三句话来概括出这篇课文的主要内容和观点。
3. 谈谈中国的传统家庭和你们国家的传统家庭有什么不同。
4. 中国传统的家庭思想对中国人的现代生活有什么影响?
5. 你认为什么样的家庭是最理想的?为什么?
6. 作文:《我熟悉的一个中国家庭》

第二十一课 "孝"与"顺"

"孝顺"是中国人日常生活中常说的一个词。但是，随着社会的发展，它的内容也发生了很多变化。辞书上说，"孝顺"的意思是"尽心奉养父母，顺从父母的意志"。这个词包含两个意思，第一是"孝"，第二是"顺"，这两个意思加在一起就是要做到对父母"既孝敬又顺从"。

"孝"本来的意思是尊重长辈，要照顾他们、帮助他们；另外，在长辈去世后要遵照风俗纪念或者祭祀他们。"顺"则要求晚辈无条件地听从长辈的话，按照他们的意见做事。当晚辈的想法跟长辈不一样的时候，他们必须牺牲或放弃自己的想法，听长辈的。

在古代，中国人世世代代是按照上面的说法去做的，一直遵守着这些传统的规定。但是现在社会发展变化了，这些传统思想受到了挑战。很多年轻人不再完全按照古老的规矩做事。他们的行动受到了一些老一代人的批评，但是也受到了新一代人的支持，甚至有很多老一代的人也支持年轻人的想法。这是为什么呢？

大家都知道，"孝顺"是中国人遵守了几千年的传统。但是最近这一百年来，世界发生了翻天覆地的变化，中国也发生了巨大的变化。古代的中国，绝大多数老百姓都没有机会读书，人们获取知识的方式大多是听读书人的话；另外是尊重老人和有经验的人，听他们的话。因此，敬老是中国文化的传统。而在家庭里呢？当然要尊敬年纪最大的长辈。那时候中国差不多都是大家庭，都听大家长的话。年纪最老的大家长经历的事情多，经验多，他们只要处事公平，家里就会幸福。

但是到了近代社会，人们读书机会多了。渐渐地，年轻人在社会上的知识越来越多，而很多老年人却逐渐**脱离**社会或他们的知识太陈旧了，他们已经不能**有效**地管理家庭、指导晚辈或者给他们好的建议了。同时，现代社会**流动性**大，大家庭也变得越来越少，一家人分别住在不同的地方，这样，长辈再来管理整个家庭的事务并决定晚辈的事情就不太可能了。

而且，中国有些过去的风俗在今天已经是不合理甚至不合法的了。比如说，过去按照古老的风俗，年轻人无权自己去恋爱或者**选择**自己喜欢的男女朋友。他们的婚姻和人生中的一切大事都是父母包办决定的。那时候，甚至有些年轻人在结婚以前就从来没有机会见到过自己未来的妻子或丈夫，很多夫妻都是直到结婚那一天才头一次见面！这样的婚姻有时候非常不幸福，在中国历史上，这种包办婚姻造成了不少悲剧。但是，年轻人很少反抗或者不同意长辈的安排，否则就是不孝顺。

虽然今天人们对"孝顺"中不合理的做法早已批判甚至放弃了，但"孝顺"作为一种美德还是受到尊重和表扬的。当然，现在的年轻人对于"孝顺"的态度和做法还是发生了很大的变化。

今天的年轻人认为，"孝"，他们不难做到，但要做到"顺"却很难。中国传统文化的影响力很大，加上父母非常疼爱子女，孩子们长大了，当然应当回报家庭和父母的爱。比如在经济上支持他们，给老人钱，帮他们买东西，照顾老人，这对绝大多数的晚辈来说都可以做到。

但是，让孩子们完全顺从长辈的安排和要求则行不通了。当孩子跟父母意见不同或相反的时候，孩子们很难再像过去那样无条件地服从长辈的想法。特别是在他们选择工作、找男女朋友或结婚这样的大问题上，孩子们往往坚持自己的事情自己做主。现在随着社会进步、经济发展和人们思想的发展变化，传统意义上的孝顺已经悄悄地发生了改变。老人们更加理解支持年轻人自己的想法，而年轻人也已经用自己的方式理解长辈，尽自己的力量照顾和孝敬他们。

　　社会在进步，经济在发展，今天的中国在文化上也更加开放，相信新一代的父母和子女关于孝顺的看法和怎样在新的形势下相处的问题，会随着时代的发展变化而产生变化。

生词　New Words

1.	辞书	císhū	名	dictionary, lexicographical book
2.	祭祀	jìsì	动	to offer sacrifices to gods or ancestors, to worship
3.	放弃	fàngqì	动	to give up, to abandon
4.	挑战	tiǎozhàn	动	to challenge
5.	翻天覆地	fāntiān-fùdì		upside down, see spot run, snafu
6.	处事	chǔshì	动	to deal with affairs
7.	脱离	tuōlí	动	to separate oneself from, to break away from
8.	有效	yǒuxiào	动	to be effective, to be efficient
9.	流动性	liúdòngxìng	名	liquidity, mobility, fluidity
10.	选择	xuǎnzé	动	to select, to choose
11.	开放	kāifàng	形	open

Exercise One: Remembering Details

细读本文，指出下列句子提供的信息是对的还是错的。如是错的，请改成正确的答案

1. "孝顺"这个词包含两个意思，一是"孝"，二是"顺"。它们的意思差不多。（　　）
2. "孝"比"顺"容易些，能做到"孝"的人不一定能做到"顺"。（　　）
3. 有些老一代的人也理解年轻人对孝顺的看法。（　　）
4. 历史和社会发生了变化，孝顺的观念也应该随着发生改变。（　　）
5. 现在的老年人不一定比年轻人知识多，因为现在得到知识的方法不一定要从经验中取得。（　　）
6. 有些古老的风俗现在不合法，年轻人不一定要遵守。（　　）
7. 因为在现代中国社会中，关于孝顺的观念有了改变，年轻人现在不需要孝顺了。（　　）
8. 当孩子跟家长意见不一样的时候，应该无条件听家长的。（　　）
9. 因为中国现在经济发展了，"孝顺"的概念不是那么重要了。（　　）

Exercise Two: Analyzing Ideas

根据文章内容，选择正确的答案

1. 中国文化强调"孝顺"，因为它是_____。
   A. 古代法律　　　　B. 传统规定　　　　C. 风俗习惯
2. 但是现在社会发展变化了，这些传统思想受到了_____。
   A. 疑问　　　　　　B. 反对　　　　　　C. 挑战
3. 古代社会因为老年人_____，所以受到尊重和服从。
   A. 年纪老　　　　　B. 经验多　　　　　C. 读书多
4. 虽然传统的"孝顺"观念有很多不合理的地方，但是今天人们还是_____这个传统。
   A. 尊重　　　　　　B. 不喜欢　　　　　C. 反对

5. 当孩子跟长辈意见不同的时候，孩子们应该_____的想法。

    A. 顺从长辈   B. 参考长辈   C. 坚持自己

Exercise Three: Synonyms

根据上下文的意思，找出句中加点词的同义词

1. 晚辈在长辈去世后要遵照风俗纪念或者祭祀他们。（ ）

    A. 照顾   B. 保护   C. 敬拜

2. 古代的时候，年轻人的婚姻和人生中的一切大事都是父母包办决定的。（ ）

    A. 办理   B. 帮忙   C. 代替

3. 父母非常疼爱子女，孩子们长大了，当然应当回报家庭和父母的爱。（ ）

    A. 报告   B. 返还   C. 报答

4. 社会在进步，经济在发展，今天的中国在文化上也更加开放。（ ）

    A. 有钱   B. 成功   C. 对外敞开

Exercise Four: Discussion Questions

讨论下面的问题

1. 中国人为什么那么强调孝顺的重要性？别的文化是不是也讲究孝顺？为什么？
2. 请你谈谈古代中国人讲究孝顺的原因。
3. 中国古代关于孝顺的观念有哪些好的地方？哪些地方你觉得应该改进？
4. 用今天法律的观点来看，中国古代关于孝顺的哪些想法应该批判？
5. 为什么有人认为"孝"不难做到，但"顺"很难？
6. 关于"孝顺"这个问题，你是怎么理解的？

第二十二课　家

俄国著名作家托尔斯泰曾经说过:"幸福的家庭总是相似的,而不幸的家庭却各有各的不幸。"我们这里要说的是一个不幸的家庭的故事。

不幸不一定是因为贫穷,一个家庭可能十分富有却并不幸福。这个故事发生在20世纪初期的中国。那时候,中国清朝皇帝的封建统治被推翻,刚刚成立了共和国,可是国家内部十分混乱。军阀到处打仗,封建的势力仍然非常强大,传统的中国家庭仍然非常保守,到处都是阴森森、黑沉沉的。在中国四川省,有一个姓高的大家庭,这一家有几十口人,年龄最大的是老爷。高老爷有好几个儿子,十几个孙子、孙女。这位老爷非常保守,他总是用孔夫子的话或旧的封建传统思想来管理和教导晚辈。他要求孩子们事事、处处都要听他的话,有事要向他汇报。他的几个上大学的孙子在那个时候看到国家混乱、政府腐败、中国遭受外国的侵略和瓜分,感到非常愤怒和难过,他们想参加一些政治活动来表达自己对祖国的热爱和对国家命运的担忧。

高老爷知道了这件事后非常生气。他常常告诫晚辈们要好好儿读书,不要关心外边发生的事。他要求孩子们要遵守孔夫子的教导,不要做任何违反传统道德的事。高老爷虽然对晚辈要求很严格,但他自己年轻时却很荒唐。他请唱戏的女演员来家里照相;年纪那么大了还娶了一个浓妆艳抹的姨太太。孙子们虽然不喜欢爷爷的行为,可是没有一个人敢不听爷爷的话。

高家有一个女佣叫鸣凤,鸣凤是个非常可爱的姑娘。她从小就在高家当丫头,受过很多苦。鸣凤十七岁,长得很漂亮,做事勤快,人也很善良，虽然小小年纪但非常懂事，高家的人都很喜欢她，特别是高老爷的三孙子觉慧。觉慧和鸣凤年龄差不多大，他们相爱了。可在那个时代，少爷当然不能娶女佣。所以，这两颗年轻的心非常迷茫、痛苦，他们想不出办法来解决这个问题。就在这个时候，高老爷的朋友冯乐山看上了鸣凤，冯乐山已经七十多岁了，十分残酷和虚伪。冯乐山是这个城市孔子道德研究学会的会长，表面上看非常严肃正经，可是内心却很肮脏，他要娶鸣凤做姨太太。高老爷为了讨好冯乐山，决定把鸣凤当作礼物送给他。

知道这个消息以后，鸣凤像听到了晴天霹雳，痛苦得昏了过去。但在那个时候，女佣的命运不是掌握在自己手里的，她没有任何能力反抗悲惨的命运。她曾经想请求觉慧帮助她，可是觉慧非常忙，他不知道鸣凤遇到了危险，所以没能及时解救她。鸣凤没有办法解救自己，又没有能力逃脱悲惨的命运，这个美丽而又勇敢的少女不愿意嫁给罪恶的冯乐山，于是，她决心用自己的死来向这个罪恶的社会抗议，用她的死来表示自己对爱情的忠诚和坚贞。在一个黑暗的深夜，她向自己的爱人做了最后的告别，在静静的湖水里结束了自己年轻的生命……

知道鸣凤自杀的消息以后，觉慧痛苦得几乎死去。他开始痛恨虚伪的封建礼教，痛恨罪恶的冯乐山，痛恨爷爷，痛恨这个害死鸣凤的封建制度和吃人的社会，痛恨这个虚伪的家。

高家的大孙子觉新是高家最听话的人，不管遇到什么事他总是首先牺牲自己去照顾别人。尽管如此，他仍然要受到种种委屈。觉新年轻的时候爱上了自己的表妹，可是家里不同意他们结婚，而让他娶了另一个女人。结婚以后他开始爱自己的妻子，夫妻感情很好，但是他仍然爱着自己年轻时的恋人梅表妹，他的心里感到既负疚又痛苦。同时爱着两个人，就像一颗心被撕成两半，时时都在流着血。

后来，觉新有了一个可爱的儿子，是高家的第四代。高老爷喜欢多子多孙。觉新的妻子又要生第二个孩子了。可就在这时，高老爷病了，而且病得越来越厉害。吃药已经没有用了，于是人们使用各种迷信的办法给他治病，但没有任何效果，最后他死了。这时，离觉新的妻子生孩子的日期越来越近了，家里的其他长辈忽然说，她如果在家里生孩子，会对死人和家里的人都不吉利。他们逼觉新的妻子搬到很远的乡下去生孩子。乡下的医疗条件不好，他妻子难产，结果也死了。

后来，梅表妹也病死了。这个家庭借着传统礼教的名义害死了一个又一个年轻美丽的生命。觉新最后对这个家庭感到彻底绝望，他也自杀了。看到这令人心碎的一幕幕悲剧的发生，觉慧彻底清醒了。他决心离开这个黑暗的家庭，反对旧的礼教和虚伪的道德传统，去追求自由、追求幸福和爱情。他发誓要用自己的奋斗去为年轻一代开辟出一条崭新的、光明的道路。

根据巴金小说《家》故事改写

生词 New Words

1.	相似	xiāngsì	形	resemble, similar, alike
2.	保守	bǎoshǒu	形	conservative, old fashioned
3.	腐败	fǔbài	形	corrupt
4.	瓜分	guāfēn	动	to dismember, to carve up
5.	担忧	dānyōu	动	to worry, to be anxious
6.	告诫	gàojiè	动	to warn, to admonish, to exhort
7.	浓妆艳抹	nóngzhuāng-yànmǒ		heavily made up and overdressed
8.	女佣	nǚyōng	名	maid

9. 丫头	yātou	名	girl, young female servant
10. 勤快	qínkuai	形	diligent, hardworking
11. 相爱	xiāng'ài	动	to love each other
12. 迷茫	mímáng	形	confused, perplexed, dazed
13. 肮脏	āngzāng	形	dirty
14. 抗议	kàngyì	动	to protest against
15. 坚贞	jiānzhēn	形	faithful
16. 礼教	lǐjiào	名	the Confucianism or feudal ethical code
17. 委屈	wěiqu	动	to feel wronged, to nurse a grievance
18. 负疚	fùjiù	动	to feel apologetic, to have a guilty conscience
19. 难产	nánchǎn	动	to have a difficult labor
20. 绝望	juéwàng	动	to give up all hope, to despair
21. 发誓	fā shì		to vow, to pledge, to swear

Exercise One: Remembering Details

细读本文，指出下列句子提供的信息是对的还是错的。如是错的，请改成正确的答案

1. 托尔斯泰认为，幸福的家庭都一样，而不幸的家庭则永远不幸。　　（　　）
2. 因为高家非常贫穷，所以他们的生活过得很不幸福。　　　　　　（　　）
3. 这个故事发生在清朝，那时候人们的思想很保守。　　　　　　　（　　）
4. 高家上大学的孙子们关心国家大事，但高老爷不让他们关心国家命运，只要求他们好好儿读孔夫子的书。　　　　　　　　　　　　（　　）

5. 高老爷对晚辈很严格，可他自己年轻时并不遵守传统道德。（   ）
6. 高老爷喜欢鸣凤，他想娶鸣凤做姨太太。（   ）
7. 鸣凤没有办法保护自己，她最后只能自杀了。（   ）
8. 高家的大孙子也非常爱鸣凤，知道她自杀的消息，他的心里负疚又痛苦。（   ）
9. 家里的长辈不让觉新的太太在家里生孩子，最后不得不到乡下生孩子，结果生病去世了。（   ）
10. 觉新看到自己家庭太黑暗，最后也自杀了。（   ）

Exercise Two: Analyzing Ideas

根据文章内容，选择正确的答案

1. 根据文章，我们知道高家是一个_____。
   A. 封建的大家庭　　　　B. 贫穷的家庭　　　　C. 幸福的家庭
2. 高家的晚辈想参加政治活动是因为_____。
   A. 遵守孔夫子教导　　　B. 担忧国家命运　　　C. 非常保守
3. 高家的晚辈不喜欢爷爷，因为他_____。
   A. 不疼爱晚辈　　　　　B. 非常保守　　　　　C. 年龄最大
4. 鸣凤自杀了，是因为她_____。
   A. 非常懂事　　　　　　B. 很爱觉慧　　　　　C. 抗议旧社会
5. 鸣凤的死使觉慧_____。
   A. 痛恨社会和虚伪的家　B. 绝望了　　　　　　C. 也自杀了
6. 高家的大孙子觉新年轻时爱上了_____。
   A. 梅表妹　　　　　　　B. 鸣凤　　　　　　　C. 自己的妻子

Exercise Three: Synonyms

根据上下文的意思，找出句中加点词的同义词或它的意思

1. 幸福的家庭总是相似的，而不幸的家庭却各有各的不幸。（　　）
   A. 相像　　　　　　　B. 不像　　　　　　　C. 保守
2. 他虽然对晚辈要求很严格，但他自己年轻时却很荒唐。（　　）
   A. 严肃认真　　　　　B. 荒诞无理　　　　　C. 愤怒难过
3. 这两颗年轻的心非常迷茫、痛苦，他们想不出办法来解决这个问题。（　　）
   A. 迷惑　　　　　　　B. 迷路　　　　　　　C. 茫茫
4. 虽然觉新是高家最听话的人，可是他仍然要受到种种委屈。（　　）
   A. 错误　　　　　　　B. 冤屈　　　　　　　C. 勉强
5. 他仍然爱着自己年轻时的恋人梅表妹，他的心里感到既负疚又痛苦。（　　）
   A. 感到抱歉　　　　　B. 感到骄傲　　　　　C. 感到谦虚
6. 觉新最后对这个家庭感到彻底绝望，他也自杀了。（　　）
   A. 失望　　　　　　　B. 难过　　　　　　　C. 愤怒

Exercise Four: Discussion Questions

讨论下面的问题

1. 高老爷为什么不让他的孙子们参加政治活动和关心国家大事？他自己年轻的时候曾经很荒唐，年老了为什么那么保守？
2. 鸣凤为什么要用死来抗议罪恶的社会？作者是怎样揭露封建传统道德的虚伪和罪恶的？
3. 觉新是一个什么样的人？他那么听话并且几乎为家庭牺牲了一切，为什么还是遭受了悲剧的命运？
4. 觉慧为什么要离开家？你觉得他能成功吗？

第二十三课　形形色色的家训

　　在传统的中国家庭，家里的长辈往往都非常关心孩子的成长。他们除了注重晚辈的身体健康以外，还希望晚辈在精神上和道德上健康成长，日后成为对社会有用的人。

　　由于每个家庭在道德**理念**、社会地位追求和职业选择等方面各有不同，长辈对后代的期望和要求也不同。在传统中国社会，很多老一辈家长希望按照他们的理想来给孩子设计未来，或者希望晚辈继续他们的事业（也叫作"子承父业"），或者要求后代按照他们的道德规范做人。因此，他们往往根据自己的信仰、道德标准或做人做事的方式来对后代怎样成长、怎样成功提出一些要求或者指导意见。所以，在中国历史上，就有了一些具有家庭传承色彩的各种各样的"**家训**"。

　　家训在中国存在的历史已经很悠久了，据说最早的家训产生在汉代。有人认为家训是中国传统文化的一部分，对旧时代中国人的家庭教育**乃至于**对整个社会的发展都起到了良好的作用。如果我们读一下儿中国古代各种各样的家训，就会发现，这些家训的内容基本上都是老一代人对后代的教训和为他们立下的规矩。

　　这些为后代立规矩的人大部分都是读书人、成功人士或者有生活经验的人，他们在形形色色的家训中对后代提出了种种指导性的要求。这些要求包括让儿孙好好儿工作好好儿读书、孝顺并敬老爱幼、懂得做人的道理；还有很多家训要求晚辈要懂得节约和**勤俭**、注重家庭**卫生**，注重搞好跟亲戚和邻里的关系、珍惜朋友；有的家训还跟晚辈**分享**一些怎样成功和怎样克服困难的经验等。当然，有的家训里还有一些迷信和其他**负面**的内容。但总的来讲，家训大都是长辈对晚辈的指导、**训诫**和希望。大部分的家训对后辈的成长都有积极的意义。

在旧时代，家训一般受到整个家族人们的尊重和珍视。这些家训往往被**奉为**家族的传统和祖宗的**教诲**，是一个家族的规矩甚至是必须遵从的**律条**。家训对整个家族成员的行为都有约束作用。历史上著名的家训有的会被**刊印**出版，不只对这个家庭的成员有指导意义，甚至会成为社会公认的行为教科书，而一般的家训也会被本族人视为他们的重要文献或法规。家训往往被**郑重**抄写或印刷在**家谱**或族谱中。有的家训甚至不只印在书上，还被刻在**石碑**或者**牌匾**上、放在家族**祠堂**或家庙等重要场所供人们学习或**瞻仰**。

"家训"有很多别名，它有时候也被称为家诫、家诲、家约、遗命、家规、家教等。总的来讲，古代中国社会的"家训"现象有着下面一些特点。

第一，中国古代的家规家训是传统社会制度以及人和人之间伦理规矩的一种普及、教育和宣传补充。在旧时代，中国老百姓能受教育和识字的人比较少，普通人很难接受正规教育，也缺乏关于法律和伦理方面的知识。很多百姓最早都是通过各种各样的家训家规来学习做人的道理。

第二，家训往往引用并**浅释**圣人或名人的语录，富有道德劝诫成分，而且大多是用**韵文**写成的，便于记忆和背诵。通俗易懂的家训往往是一种比较有效的教育**歌谣**，有的家训是格言或**警句**甚至谚语文体。大部分成功的家训不在于讲特别**深奥**的道理，而是用一些常用的口语甚至通俗故事来总结长辈们的道德要求、分享人生经验，它们能起到**寓教于乐**的效果。

第三，由于家训代表着传统社会的价值标准，对于维持社会道德和社会秩序有帮助，所以往往受到官府和主流社会的鼓励和赞成。历史上有些做官的人或者名人写的家训会成为家族的荣誉，有的家训会被扩大成族

训，有的甚至被引为村规、乡规或当地的伦理风范。

第四，家训往往比较尊重传统。它维护古老的律条，内容一般相对稳定，有的家训甚至会延续好多代或几百年。由于有着延续性的特点，家训不太会随着社会的改变而改变。历史上有些家训家规含有旧道德的律条，有的内容代表着**特定**时代的主流思想和意识形态。但是时代在不断进步，因此，有时候家训中的部分内容会有一定的保守性（如强调遵从天命、上智下愚、赞扬不辨是非的忠孝节义、男尊女卑、无条件地服从权威等）。有的家训中还包含迷信成分、**明哲保身**和不抵抗恶等消极的因素。

第五，家训一般是有钱人家、读书人家或上层中产人家的产物，一般穷人家多无家训。

虽然家训是旧时代的产物，但由于家庭是整个社会中最基本的单位，而且相当多的中国家庭仍然尊重传统，所以近年来社会上又有人提倡**慎终追远**、学习家族传统并重读家训的主张。就像我们前面分析的那样，中国传统中大部分的家训是好的、有教育意义的，但也应该**与时俱进**，我们今天不必完全**照搬**遵守旧时代的或者过时的规矩。因此，我们也不必无限**夸大**旧时代家训的作用。

每一个时代都有它自己的法律规范和新的社会伦理要求。在现在新的时代，社会教育有了极大普及，人们接受知识和教育的**渠道**在不断拓展。

因此，现代家规和家训要吸收新的时代精神和道德，成为宣传美好道德、提倡新社会风气的工具。

【中国古代家训选读】

章氏家训

传家两字，曰耕与读；兴家两字，曰俭与勤；安家两字，曰让与忍；防家两字，曰盗与奸；亡家两字，曰嫖与赌；败家两字，曰暴与凶。休存猜忌之心，休听离间之语，休作生忿之事，休专公共之利。吃紧在尽本求实，切要在潜消未形。

子孙不患少而患不才，产业不患贫而患非正，门户不患衰而患无志，交游不患寡而患从邪。不肖子孙，眼底无几句诗书，胸中无一段道理。神昏如醉，礼懈如痴，意纵如狂，行卑如丐，败祖宗之成业，辱父母之家声，乡党为之羞，妻妾为之泣。岂可立于世而名人类乎哉！

格言具在，朝夕诵思。

朱子家训

黎明即起，洒扫庭除，要内外整洁。既昏便息，关锁门户，必亲自检点。
一粥一饭，当思来处不易；半丝半缕，恒念物力维艰。
宜未雨而绸缪，毋临渴而掘井。自奉必须俭约，宴客切勿留连。
器具质而洁，瓦缶胜金玉；饮食约而精，园蔬愈珍馐。
勿营华屋，勿谋良田。
三姑六婆，实淫盗之媒；婢美妾娇，非闺房之福。

奴仆勿用俊美，妻妾切忌艳妆。

祖宗虽远，祭祀不可不诚；子孙虽愚，经书不可不读。

居身务期质朴，教子要有义方。

莫贪意外之财，莫饮过量之酒。

与肩挑贸易，毋占便宜；见穷苦亲邻，须加温恤。

刻薄成家，理无久享；伦常乖舛，立见消亡。

兄弟叔侄，须分多润寡；长幼内外，宜法肃辞严。

听妇言，乖骨肉，岂是丈夫？重资财，薄父母，不成人子。

嫁女择佳婿，毋索重聘；娶媳求淑女，勿计厚奁。

见富贵而生谄容者，最可耻；遇贫穷而作骄态者，贱莫甚。

居家戒争讼，讼则终凶；处世戒多言，言多必失。

勿恃势力而凌逼孤寡；勿贪口腹而恣杀生禽。

乖僻自是，悔误必多；颓惰自甘，家道难成。

狎昵恶少，久必受其累；屈志老成，急则可相依。

轻听发言，安知非人之谮诉？当忍耐三思；

因事相争，安知非我之不是？须平心暗想。

施惠无念，受恩莫忘。

凡事当留余地，得意不宜再往。

人有喜庆，不可生妒忌心；人有祸患，不可生喜幸心。

善欲人见，不是真善；恶恐人知，便是大恶。

见色而起淫心，报在妻女；匿怨而用暗箭，祸延子孙。

家门和顺，虽饔飧不继，亦有余欢；

国课早完，即囊橐无余，自得至乐。

读书志在圣贤，非徒科第；为官心存君国，岂计身家。

守分安命，顺时听天。为人若此，庶乎近焉。

生词 New Words

#	词	拼音	词性	英文
1	理念	lǐniàn	名	idea
2	家训	jiāxùn	名	a family's traditional injunctions passed from generation to generation, parental precepts, family instruction, family precepts
3	乃至于	nǎizhìyú	连	even, or even, and even
4	勤俭	qínjiǎn	形	hardworking and thrifty
5	卫生	wèishēng	名	hygiene, health, sanitation
6	分享	fēnxiǎng	动	to share (joy, rights, etc.)
7	负面	fùmiàn	形	negative
8	训诫	xùnjiè	动	to admonish, to sermonize
9	奉为	fèngwéi	动	to be offered as, to be revered as
10	教诲	jiàohuì	动	to edify
11	律条	lǜtiáo	名	legal articles, norm
12	刊印	kānyìn	动	to publish, to set up and print
13	郑重	zhèngzhòng	形	serious, solemn
14	家谱	jiāpǔ	名	family tree, genealogy, pedigree, pedigree chart
15	石碑	shíbēi	名	stone tablet, stone monument
16	牌匾	páibiǎn	名	plaque, tablet
17	祠堂	cítáng	名	ancestral hall, ancestral temple, shrine, memorial temple
18	瞻仰	zhānyǎng	动	to pay respect, to look at with reverence

19.	浅释	qiǎnshì	动	to explain simply
20.	韵文	yùnwén	名	verse, poem, rhyming words
21.	歌谣	gēyáo	名	ballad, chant, song
22.	警句	jǐngjù	名	epigram, aphorism, apothegm
23.	深奥	shēn'ào	形	profound
24.	寓教于乐	yùjiàoyúlè		to teach through lively activities, learning through play, delight and instruction
25.	特定	tèdìng	形	specific, particular, special
26.	明哲保身	míngzhé-bǎoshēn		to be worldly-wise and play safe, to be wise for (the sake of) personal survival
27.	慎终追远	shènzhōng-zhuīyuǎn		to carefully attend to the funeral rites of parents and follow them when gone with due sacrifices
28.	与时俱进	yǔshí-jùjìn		to keep up with the times, to advance with the times
29.	照搬	zhàobān	动	to indiscriminately imitate, to copy
30.	夸大	kuādà	动	to exaggerate, to overstate, to magnify
31.	渠道	qúdào	名	channel, medium of communication

Exercise One: Remembering Details

细读本文，指出下列句子提供的信息是对的还是错的。如是错的，请改成正确的答案

1. 传统的中国长辈往往都非常关心孩子的成长。他们都希望自己的晚辈好好儿读书，以后能当官。　　　　　　　　　　　　　（　　　）
2. 家训在中国存在的历史已经很悠久了，最早的家训产生在远古时期。（　　　）

3. 在中国古代，家训非常重要，它是国家法律的一种。　　　　（　　　）
4. 在传统中国社会，有的家训非常有名，往往不只是这一家人的后代
   遵守它，甚至别的家庭和社会上其他人也赞赏它。　　　　　（　　　）
5. 因为家训是一家人尊崇的法律，所以一般都写得比较深奥。　（　　　）
6. 家训一般是用圣人的话写的，而且应该用诗歌和韵文来写。　（　　　）
7. 中国古代大多数的家训都有正面和积极的伦理道德内容，但有的家
   训也有负面的内容。　　　　　　　　　　　　　　　　　　（　　　）
8. 古代中国所有的家庭都有家训，要不然就不能慎终追远。　　（　　　）
9. 在现代中国也有人认为家训有一定的教育意义。　　　　　　（　　　）
10. 有些过去时代的家训内容已经过时了，所以我们不必以为所有传统
    的东西都是好的。　　　　　　　　　　　　　　　　　　　（　　　）

Exercise Two: Analyzing Ideas

根据文章内容，选择正确的答案

1. 在传统的中国家庭，家里的长辈往往都非常关心孩子的成长。很多家庭都有家训，是想让他们的后代＿＿＿＿＿＿＿。
   A. 能好好儿读书　　　　B. 能出来做官　　　　C. 做对社会有用的人
2. 一般情况下，家训是要求整个＿＿＿＿＿＿＿都要遵守的规矩和律条。
   A. 家族　　　　　　　　B. 社会　　　　　　　C. 国家
3. 传统社会的家训大都是＿＿＿＿＿＿＿写给后代阅读和遵守的。
   A. 家庭的祖宗　　　　　B. 皇帝和大官　　　　C. 读书成功的长辈
4. 有的家训受到了政府和社会的尊重和推行是因为它们＿＿＿＿＿＿＿。
   A. 非常有名　　　　　　B. 作者很成功　　　　C. 是社会公认的行为教科书
5. 家训往往喜欢引用圣人或名人的语录是因为它们＿＿＿＿＿＿＿。
   A. 包含法律知识　　　　B. 有道德劝诫意义　　C. 意思很深奥

6. 在现代社会，有些人还提倡学习家训，因为他们觉得应该_____。

    A. 与时俱进　　　　B. 慎终追远　　　　C. 明哲保身

Exercise Three: Synonyms

根据上下文的意思，找出句中加点词的同义词或它的意思

1. 一般的家训也会被本族人视为他们的重要文献或法规，家训往往被郑重抄写或印刷在家谱或族谱中。（　　）

    A. 非常严厉地　　　B. 非常害怕地　　　C. 非常严肃地

2. 有的家训还被刻在石碑或者牌匾上、放在家族祠堂或家庙等重要场所供人们学习或瞻仰。（　　）

    A. 向远看　　　　　B. 尊敬地看　　　　C. 害怕地看

3. 大部分成功的家训不在于讲特别深奥的道理，而是用一些常用的口语甚至通俗故事来总结长辈们的道德要求。（　　）

    A. 难懂　　　　　　B. 严格　　　　　　C. 庄严

4. 有的家训中还包含迷信成分、明哲保身和不抵抗恶等消极的因素。（　　）

    A. 保持纯洁　　　　B. 用聪明的方式保全自己　　　C. 保护自己的身体健康

5. 近年来社会上又有人提倡慎终追远、学习家族传统并重读家训的主张。（　　）

    A. 尊重古人　　　　B. 遵守道德　　　　C. 遵从祖先

6. 中国传统中大部分的家训是好的、有教育意义的，但也应该与时俱进，我们今天不必完全照搬遵守旧时代的或者过时的规矩。（　　）

    A. 坚持严格　　　　B. 跟时代共进　　　　C. 遵守传统

Exercise Four: Discussion Questions

讨论下面的问题

1. 传统的中国家庭为什么要有家训？家训在老一代人和晚辈中间传递着什么样的信息？
2. 家训在中国历史上是什么时候开始产生的？为什么有人说家训是中国传统文化的一

部分?

3. 在大多数传统中国家庭里,家训一般都是什么人书写的?

4. 根据课文的介绍,请你说说家训里有哪些主要的内容。

5. 家训里为什么喜欢引用圣人或者名人的话?家训为什么喜欢用韵文或者歌谣体的形式来书写?

6. 在传统中国社会,官府和主流社会为什么喜欢并鼓励各种各样的家训?

7. 你觉得,在现代社会里我们还应该不应该再读家训?请你谈谈你在这方面的想法和道理。

8. 家训为什么要与时俱进?请你谈谈现代社会上法律、道德规范和家训之间的关系。

9. 请试着读一下儿前面展示的中国古代家训,了解它们跟传统道德和现代道德之间的关系。你觉得这些形形色色的家训内容里,哪些到今天仍然有道理,哪些应该改变?

第二十四课　沈园故事

中国宋代有一个著名的文学家，他的名字叫陆游。陆游是一个伟大的爱国诗人，他的性格很豪放。他一生中写了无数歌颂祖国的壮丽诗篇，以激情和壮烈闻名于世。可是很少有人知道他也是一位非常温柔婉约的歌颂爱情的诗人。他那些流淌着血泪的爱情诗一样让人读后难忘。陆游的爱情诗写得最多的是他对自己第一个妻子唐婉的爱。这是一个让人读来充满遗憾和痛苦的不幸的悲剧故事。

陆游少年时就是一个出名的才子，很早就中了进士，有着让别人羡慕的前途。他二十岁的时候与舅舅的女儿唐婉结了婚。唐婉是个美丽颖慧的姑娘，从小就读过很多书，能诗会画，还精通音乐。结婚以后，他们夫妻感情非常好。他们每天讨论学问与诗歌，一起演奏乐器，像是一对知心的好朋友，一刻也不愿意分离。

陆游的母亲看到儿子和媳妇感情这么好，心里很不高兴。她认为，女子无才便是德，读书识字是男人的事，女人的任务是管理家务，打扫房间，照顾好家庭。女人读了书，懂的事情多了就会自以为聪明，不听长辈的话了。此外，看到儿子这么喜欢唐婉，她担心儿子迷恋媳妇而不再追求功名富贵，会影响他做官，因此母亲对他们很冷淡。可是，沉浸在爱情幸福里的陆游和唐婉没有注意到母亲的这种不快的感受。就这样，母亲由不满变得嫉妒，由嫉妒变得生气，由生气变得不能容忍，最后她终于做出了一个可怕的决定：逼陆游和唐婉离婚。

在那个时候，母亲的话就是法律，没有任何人能够改变。结婚仅仅三年，这对恩爱的夫妻就这样被残酷的母亲拆散了。这一次分手就是生离死别，泪眼相对，再会无期，这对苦命的恋人只能把一生的幸福埋葬在美好的回忆里，把那迷离的梦境都寄托给了那逝去了的生死歌哭……

又过了十一年。春天的某一天，陆游到当地一个著名的花园沈园游春，在那儿，他忽然觉得眼前一亮，一种彻骨的思念和痛袭上他的心头：他看到了唐婉。别离了十一年，唐婉消瘦了，但依然是那么光彩照人。

"是你么？"陆游默默地祈问着。他多想再次走到自己的爱人身边！可是他不能。因为母亲早已又逼他结了婚，而唐婉的家人也逼她又嫁给了别人。他只能远远地凝望着自己的爱人，远远地……

细心的唐婉也发现了陆游。他们就这么远远地互相凝望着。相遇而不能相见，相视而不能相会，人生还有比这更痛苦的吗！就这样，他们两人擦肩而过。陆游见到了唐婉，百感交集，一时诗思袭来，他拿起笔在沈园的墙上写了一首看了使人泪下的词《钗头凤》：

红酥手，黄縢酒，满城春色宫墙柳。东风恶，欢情薄，一怀愁绪，几年离索。错，错，错。

春如旧，人空瘦，泪痕红浥鲛绡透。桃花落，闲池阁。山盟虽在，锦书难托。莫，莫，莫。

据说后来唐婉看到了这首词，也痛苦万分。她和着泪写了一首词回答陆游对她的爱。这次相遇给他们两人的心头加上了永远的刻痕，直到死那一天，陆游都没能忘记这一刻。他一生写了无数的诗来缅怀这令他感到悲喜交集的情景。而这次相遇对唐婉更是致命的：这个柔婉的女子再次见到陆游以后，不能忘怀对他的爱，从此抑郁寡欢，不久就泪尽而逝。

此后的五十多年里，陆游写了无数的诗来怀念唐婉。特别是在他晚年，更是写了很多读了令人肝肠寸断的血泪诗篇。他六十八岁时曾经去过沈园，这时的沈园已经衰落了，被辗转卖过三个主人。陆游在墙上还依稀看到了自己当年写的词，读起来，他不禁流泪了。在七十五岁那年，陆游又回到了沈园，这时的沈园已经不再美丽，到处是一片飘零的景象。看到这些，陆游想起这儿曾经是多么美丽,自己又是如何在这儿遇到自己的爱人,他不由又一次百感交集,写下了著名的怀念唐婉的诗《沈园二首》。

　　陆游在他临死前一年即八十四岁那年,最后又写了一首悼念唐婉的《春游》诗,以表达他对爱人终生的思念。

　　陆游和唐婉的爱情悲剧是家长制和封建社会对子女残害的悲剧,他们的诗词是对传统道德和"三从四德"的批判和控诉。千百年过去了,恋人之间的互相呼唤都变成了浩渺的离歌,但是陆游用他美丽而凄婉的诗笔给我们留下了一个令人难以忘怀的故事,让我们以此纪念这对生生死死永远眷念着的永恒的恋人。

根据周密《齐东野语》故事改写

生词　New Words

1.	豪放	háofàng	形	bold and unconstrained
2.	壮丽	zhuànglì	形	majestic, magnificent
3.	激情	jīqíng	名	passion, enthusiasm, fervor
4.	壮烈	zhuàngliè	形	heroic, brave
5.	闻名于世	wénmíngyúshì		well-known, famous
6.	婉约	wǎnyuē	形	smooth and courteous (of speech), restrained, plaintive (of poetry)
7.	遗憾	yíhàn	名	regret, pity
8.	才子	cáizǐ	名	gifted scholar, genius
9.	进士	jìnshì	名	successful candidate in highest imperial examination

10. 颖慧	yǐnghuì	形	bright, intelligent
11. 精通	jīngtōng	动	to be proficient in, to master
12. 演奏	yǎnzòu	动	to perform
13. 打扫	dǎsǎo	动	to sweep, to clean
14. 迷恋	míliàn	动	to be enamored with
15. 冷淡	lěngdàn	形	cheerless, desolate
16. 沉浸	chénjìn	动	to immerse, to steep
17. 容忍	róngrěn	动	to tolerate, to endure
18. 恩爱	ēn'ài	形	affectionate
19. 拆散	chāi sàn		to separate, to divide
20. 迷离	mílí	形	blurred, misted
21. 彻骨	chègǔ	动	to the bone
22. 袭	xí	动	to make a surprise attack on
23. 依然	yīrán	副	still, as well
24. 凝望	níngwàng	动	to stare on, to fix gaze at
25. 擦肩而过	cājiān'érguò		to miss each other pitifully
26. 百感交集	bǎigǎnjiāojí		all sorts of feelings well up in one's heart
27. 刻痕	kèhén	名	mark of cut, mark of hurt
28. 缅怀	miǎnhuái	动	to cherish memory of
29. 悲喜交集	bēixǐjiāojí		grief and joy mixed together
30. 致命	zhìmìng	动	to be fatal to
31. 柔婉	róuwǎn	形	gentle

32. 抑郁寡欢	yìyù-guǎhuān		depressed, despondent, gloomy
33. 肝肠寸断	gāncháng-cùnduàn		heart-broken
34. 衰落	shuāiluò	动	to decline, to go downhill
35. 辗转	zhǎnzhuǎn	动	to pass through many hands or places, to toss about
36. 依稀	yīxī	形	vague, dim
37. 不禁	bùjīn	副	can't help (doing sth.)
38. 飘零	piāolíng	动	to drift about alone, to fade and fall (of leaves)
39. 浩渺	hàomiǎo	形	vast (of watery expanse)
40. 凄婉	qīwǎn	形	sad and mild, sadly moving

Exercise One: Remembering Details

细读本文，指出下列句子提供的信息是对的还是错的。如是错的，请改成正确的答案

1. 陆游是中国古代一个专门写爱情诗歌的著名诗人。（　　）
2. 陆游写的爱情诗和他写的爱国诗篇一样有名。（　　）
3. 陆游小时候非常聪明，他很早就当了大官。（　　）
4. 陆游的母亲认为女子无才便是德，所以陆游的妻子不识字。（　　）
5. 因为陆游和他妻子的感情很好，他的母亲变得又嫉妒又生气。（　　）
6. 陆游的母亲逼陆游和妻子离婚，离婚后他妻子就死了。（　　）
7. 陆游离婚十一年后，又和唐婉结了婚。（　　）
8. 唐婉非常想念陆游，她写了《沈园二首》来怀念陆游。（　　）
9. 沈园是陆游的家，他在那儿度过了他的童年时代。（　　）
10. 陆游的家衰落了，最后只好把沈园卖给了三家人。（　　）

第二十四课　沈园故事

Exercise Two: Analyzing Ideas

根据文章内容，选择正确的答案

1. 陆游是中国历史上一个著名的_____。
   A. 爱情诗人　　　　　B. 爱国诗人　　　　　C. 悲剧诗人

2. 在少年时代，陆游十分聪明，他是一个出名的_____。
   A. 勇士　　　　　　　B. 才子　　　　　　　C. 诗人

3. 陆游的母亲对唐婉很不满意，她认为，女人不应该_____。
   A. 读书识字　　　　　B. 管理家务　　　　　C. 无才便是德

4. 虽然母亲很不高兴，可是陆游和唐婉_____。
   A. 很不在乎母亲　　　B. 对母亲很冷淡　　　C. 没有注意母亲的感受

5. 十一年后，陆游在沈园游春，他觉得_____：他看到了唐婉。
   A. 光彩照人　　　　　B. 眼前一亮　　　　　C. 擦肩而过

6. 唐婉看到陆游的诗词后也写了一首诗回答他，不久她_____。
   A. 感到悲喜交集　　　B. 去世了　　　　　　C. 忘记了陆游

Exercise Three: Synonyms

根据上下文的意思，找出句中加点词的同义词或它的意思

1. 陆游少年时就是一个出名的才子，很早就中了进士。（　　）
   A. 有才华的人　　　　B. 有本领的人　　　　C. 有福气的人

2. 她从小就读过很多书，能诗会画，还精通音乐。（　　）
   A. 熟悉　　　　　　　B. 聪明　　　　　　　C. 喜欢

3. 陆游的母亲担心儿子迷恋媳妇而不再追求功名富贵。（　　）
   A. 羡慕　　　　　　　B. 嫉妒　　　　　　　C. 过于爱

4. 沉浸在爱情幸福里的陆游和唐婉没有注意到母亲的这种不快的感受。（　　）
   A. 能容忍　　　　　　B. 慢慢地　　　　　　C. 不高兴

5. 别离了十一年，唐婉消瘦了，但依然是那么光彩照人。（　　）
   A. 还是　　　　　　　B. 然而　　　　　　　C. 忽然

6. 陆游在墙上还依稀看到了自己当年写的词。（　　）

　　A. 依然　　　　　　　B. 稀少　　　　　　　C. 模糊

7. 人们以此来纪念这对生生死死永远眷念着的永恒的恋人。（　　）

　　A. 长久地纪念　　　　B. 深深地思念　　　　C. 依恋

Exercise Four: Discussion Questions

讨论下面的问题

1. 陆游的母亲为什么不喜欢唐婉？她为什么要逼他们离婚？
2. 陆游为什么终生不能忘记对唐婉的爱？他是怎样描写自己对她的爱的？
3. 陆游和唐婉的诗词中，都表现了对家长制的控诉和对自己生命的遗憾，他们能不能不听家长的话不离婚？为什么？

钗头凤·世情薄

唐　婉

世情薄，人情恶，雨送黄昏花易落。晓风干，泪痕残，欲笺心事，独语斜阑。难，难，难！

人成各，今非昨，病魂常恨秋千索。角声寒，夜阑珊。怕人寻问，咽泪装欢。瞒，瞒，瞒！

沈园二首

陆　游

城上斜阳画角哀，沈园非复旧池台。
伤心桥下春波绿，曾是惊鸿照影来。

梦断香销四十年，沈园柳老不吹绵。
此身行作稽山上，犹吊遗踪一泫然。

第二十五课　鲁迅的家庭和童年

鲁迅是中国著名的现代作家，他出生于1881年。那时，中国正处于清朝晚期，社会比较黑暗，人们的生活比较穷苦；而且中国受到外国列强的侵略，中国人正努力寻找救国救民的出路，鲁迅就是其中一位杰出的新文化运动的领袖。

鲁迅出生在一个封建读书人的家庭。他的祖父读书很努力，后来在北京和其他地方做过官。古时候，政府要求读书人通过读书考试来做官，做了官就可以有钱有地位。那时没有今天这样的学校，人们想读书就要自己请家庭教师，或者几家人合伙儿请一位先生做老师。所以，只有少部分有钱人才读得起书。读了书以后，想做官就要去参加政府组织的考试。这种考试有几个步骤：初级考试合格后可以成为"秀才"；秀才再去参加更高级别的考试，通过后称为"举人"；最后到京城参加全国的考试，通过了就可以当大官。鲁迅的祖父就是这样做的官。

做官以后，鲁迅的祖父非常自豪，他希望自己的儿孙都能像他一样做大官，所以对后代的教育非常重视。他平时很严厉，教导孩子却很有耐心，鲁迅在很小的时候就被灌输了"要好好儿读书、以后做官"的思想意识。

根据记载，鲁迅的祖父是个好官，他做事努力，也很正直。但他脾气不好，人很骄傲，最后得罪了上司，被撤了职。被撤职后，他就在家教育自己的儿子和孙子。鲁迅的父亲读书也很努力，他考中了秀才，准备参加更高级别的考试。同时，鲁迅的祖父也开始教鲁迅读书了。

因为那时候人们读书的目的是考试做官，所以读的都是跟考试有关的古书。这些古书内容很难，小孩子读不懂。但是老师不管孩子是不是懂，非要逼着他们记住古书的内容，**以便**以后应付考试。如果孩子背不出来，甚至会挨打。这种学习方法让孩子觉得读书很痛苦，所以很多孩子从小就怕读书、不喜欢读书。

鲁迅的祖父虽然很想让自己的儿孙将来当大官，但是他懂得教育方法，在教育上还是比较温和的。他不像其他老师那样一开始就让鲁迅背诵那些难懂的书，而是找一些有趣的历史故事和**浅显**易懂的诗歌读给他听，培养鲁迅的读书兴趣。

鲁迅一下子就被这些有趣的故事和诗歌吸引了。他能理解这些内容，因此对读书也更感兴趣。这样一来，读书对鲁迅来说就不再是一件苦事，他开始慢慢喜欢读书了。后来，鲁迅又被送去了一个**私塾**。在私塾里，他学习非常努力，受到了老师的重视。

可是不久，鲁迅家里发生了一件大事，这件事影响了他们全家，也影响了鲁迅的一生。他十三岁那年，有一场政府组织的考试，鲁迅的父亲和其他几个亲戚要去参加考试。**主持**考试的大官是鲁迅的祖父的朋友，因此他去找考官帮忙，拜托他考试时关照一下儿这些人。

在清朝，**干扰**国家考试或走后门是一**宗**重罪。鲁迅的祖父**贿赂**官员的事情被层层上报，最后他被投进监狱，**判**了**重刑**。这件事几乎把鲁迅的家给**毁**了。首先，祖父被判重刑，家里要花很多钱处理各种各样的关系来救他。第二，鲁迅的父亲因为祖父的罪行被取消了秀才资格，不能参加考试了。第三，鲁迅的父亲因为这件事受了刺激，得了一场大病，结果病得越来越严重，几年后就去世了。第四，祖父的事情牵连了全家，鲁迅一家要到处避难，在避难的时候他们处处受到歧视。这件事刺激了幼年的鲁迅，使他很早就看透了世态炎凉。最后，为了照顾在监狱的祖父和患重病的父亲，鲁迅全家耗尽了财产，从一个比较富裕的家庭最后完全变成了穷人。他和弟弟们再也读不起书，只好去寻找别的出路。

鲁迅的外祖父也是读书人。他和鲁迅的两个舅舅也都是考取功名的成功人士。但是鲁迅的母亲却没读过书，因为那时候大部分家庭都觉得女孩子读书没有用。可是鲁迅的母亲从小就很努力，看到自己的兄弟读书，她就在旁边偷听。后来她学会了认字，能够读懂一般的小说和报纸。除了会读书，鲁迅的母亲还是一位要强、善良、勤俭的人，她对鲁迅的一生有着很重要的影响。

除了鲁迅家里的长辈，童年时鲁迅还受到很多善良的穷人和农村人的影响。他小时候的保姆"长妈妈"对他很疼爱，她会给鲁迅讲一些朴实的故事，也教他一些做人做事的道理，甚至还用自己的工钱给鲁迅买了他最喜欢的神话书，这些都让鲁迅终生难忘。不仅是保姆，鲁迅小时候在外祖父的家乡生活时，也接触认识了一些农村朋友。这些朴实可爱的农民后来都成了他写作的素材，出现在鲁迅的文学作品中。

由于鲁迅家里的变故，他不能像长辈那样继续读书做官了。那时候，鲁迅家乡的读书人如果不能靠科举成功，一般都会去官员那里帮忙或者经商。但是鲁迅不想这样做，他要寻找一条更宽广的路。鲁迅的想法得到了母亲的理解，她接受过新思想，支持鲁迅外出求学，希望他继续成长，将来做一个成功的人。

于是，鲁迅走出了家乡，去学习科学知识。他学过开矿和医学等知识，希望用科学来救中国。但是他发现，学医并不能解决社会的根本问题，身体有病并不可怕，可怕的是病在心里。他必须帮助中国老百姓认识到那时中国的社会问题，然后才能推翻黑暗的旧世界，建立起一个伟大的国家。后来，鲁迅就开始写小说，他希望能用自己的文章来唤起中国人一起奋斗、一起改造社会的决心。最后，鲁迅终于成了中国现代史上最伟大的文学家和思想家。

生词 New Words

1. 列强	lièqiáng	名	imperial big powers, foreign powers
2. 合伙儿	héhuǒr	动	to form a partnership, to tie up
3. 步骤	bùzhòu	名	steps, procedure, process
4. 秀才	xiùcai	名	Xiucai, one who passed the imperial examination at the county level in the Ming and Qing dynasties
5. 京城	jīngchéng	名	the capital of a country
6. 耐心	nàixīn	形	patient
7. 灌输	guànshū	动	to infuse
8. 上司	shàngsi	名	superior, boss
9. 撤职	chè zhí		to dismiss sb. from his post, to remove sb. from office
10. 以便	yǐbiàn	连	in order to, so as to
11. 浅显	qiǎnxiǎn	形	easy to read and understand, plain

12.	私塾	sīshú	名	old-style private school, home school with a private tutor
13.	主持	zhǔchí	动	to take charge of, to preside over
14.	干扰	gānrǎo	动	to interfere, to disturb, to obstruct
15.	宗	zōng	量	a case of
16.	贿赂	huìlù	动	to bribe, to corrupt
17.	判刑	pàn xíng		to sentence, to condemn, to pass a sentence
18.	毁	huǐ	动	to destroy, to ruin
19.	避难	bì nàn		to take refuge, to seek asylum
20.	世态炎凉	shìtài-yánliáng		fickleness of human friendships, inconstancy of human relationships
21.	耗尽	hào jìn		to exhaust, to use up, to deplete
22.	出路	chūlù	名	outlet, way out
23.	偷听	tōu tīng		to overhear, to listen into
24.	要强	yàoqiáng	形	be eager to excel, be anxious to outdo others
25.	朴实	pǔshí	形	sincere and honest, simple
26.	素材	sùcái	名	source material (of literature and art), material
27.	经商	jīng shāng		to go into business, to take business as career
28.	求学	qiúxué	动	to pursue one's studies, to go to school
29.	开矿	kāi kuàng		to exploit a mine
30.	唤起	huànqǐ	动	to awake, to arouse, to call out

Exercise One: Remembering Details

细读本文，指出下列句子提供的信息是对的还是错的。如是错的，请改成正确的答案

1. 鲁迅出生在一个封建读书人的家庭，他的父亲在北京和其他地方做过官。他们家很有钱，也很有社会地位。（　　）
2. 在鲁迅小时候，人人都努力读书。因为人们读了书，考上了秀才，就可以做官了。（　　）
3. 虽然鲁迅的祖父读书很努力，学问也不错，但是他的脾气不太好。他得罪了上司，最后被撤了职。（　　）
4. 鲁迅的父亲非常严厉，但他是一个很有耐心的好老师。（　　）
5. 古时候读书是为了考试做官，所以人们读的都是跟考试有关的古书，小孩子也要读古书。（　　）
6. 鲁迅小时候最早开始读的是有趣的故事书和诗歌，他很喜欢这些书，所以他从小就很爱读书。（　　）
7. 鲁迅的祖父因为帮助别人考试而犯了法，最后被关进了监狱。（　　）
8. 鲁迅的祖父因为被关进了监狱而受到刺激，最后得了一场大病，病得越来越严重，几年后去世了。（　　）
9. 鲁迅家里遭受了很多变故，最后变得很穷，他们家受到别人的歧视。这些事对鲁迅刺激很大，他决心要更加努力，走一条更宽广的路。（　　）
10. 鲁迅的外祖父和舅舅也都是读书人，可是因为家里比较穷，他的母亲没有机会读书。（　　）
11. 鲁迅童年时受到很多善良的穷苦人的影响，鲁迅很喜欢这些人，后来把他们写到了文学作品中。（　　）
12. 鲁迅本来想学习科学，用科学救中国。但是后来他不喜欢科学了，所以他就做了文学家。（　　）

Exercise Two: Analyzing Ideas

根据文章内容，选择正确的答案

1. 那时没有今天这样的学校，人们想读书就要自己请家庭教师，或者几家人合伙儿请一位先生做老师，是因为_____。

    A. 读书很贵　　　　　B. 做官很难　　　　　C. 老师很骄傲

2. 那时候人们读书的目的是考试做官，所以读的都是跟考试有关的古书。这些古书内容很难，小孩子读不懂。老师们教书的方法就是逼孩子_____。

    A. 学习写作　　　　　B. 考试　　　　　　　C. 背诵

3. 可是不久，鲁迅家里发生了一件大事，这件事影响了他们全家，也影响了鲁迅的一生。这件大事是_____。

    A. 鲁迅受歧视　　　　B. 祖父进监狱　　　　C. 父亲被取消了秀才资格

4. 鲁迅的外祖父和两个舅舅也都是考科举成功的人士。但是鲁迅的母亲却没有读过书，这是因为_____。

    A. 书很难读懂　　　　B. 她性格要强　　　　C. 认为女孩子读书没用

5. 除了鲁迅家里的长辈，童年时的鲁迅还受到了很多_____的影响。

    A. 当官的人　　　　　B. 家里的亲戚　　　　C. 善良的穷人

6. 鲁迅家里遭到了那么多变故，使他从小就看到了中国社会的问题。最后他决定要用_____的办法来救中国。

    A. 学医学　　　　　　B. 唤起中国人　　　　C. 学开矿

Exercise Three: Synonyms

根据上下文的意思，找出句中加点词的同义词或它的意思

1. 那时没有今天这样的学校，人们想读书就要自己请家庭教师，或者几家人合伙儿请一位先生做老师。（　　）

    A. 同意　　　　　　　B. 分别　　　　　　　C. 共同

2. 那时候只有少部分有钱人才读得起书。读了书以后，想做官就要去参加政府组织的考试，这种考试有几个步骤。（　　）

  A. 方法   B. 环节   C. 内容

3. 鲁迅的祖父是个好官，他做事努力，也很正直。但他脾气不好，人很骄傲，最后得罪了上司，被撤了职。（　　）

  A. 让某人不高兴   B. 让某人犯罪   C. 让某人后悔

4. 鲁迅的祖父贿赂官员的事情被层层上报，最后他被投进监狱，判了重刑。（　　）

  A. 帮别人的忙而获益   B. 给人金钱以获利   C. 通过努力而获益

5. 在避难的时候他们处处受到歧视，这件事刺激了幼年的鲁迅，使他很早就看透了世态炎凉。（　　）

  A. 道德学问   B. 社会知识   C. 人情冷暖

6. 除了会读书，鲁迅的母亲还是一位要强、善良、勤俭的人，她对鲁迅的一生有着很重要的影响。（　　）

  A. 坚强而不肯落后   B. 倔强而不后悔   C. 努力而不浪费

Exercise Four: Discussion Questions

讨论下面的问题

1. 鲁迅出生在什么时代？那时候中国的历史情况是什么样的？
2. 读完这篇课文，请谈谈你对鲁迅的祖父的看法。他对鲁迅一家和童年时期鲁迅的生活有什么样的影响？
3. 鲁迅的祖父为什么那么重视读书？他是个什么样的官员？他的性格是什么样的？他为什么被撤职？
4. 鲁迅的祖父对他的教育方法跟那时别的老师的方法有什么不同？你认为这种方法好不好？
5. 根据课文，请你举例说说鲁迅童年时家庭的变化是怎样影响他的生活和成长的。
6. 除了自己的家人，还有谁对鲁迅的童年有过影响？请你举例谈谈他们对鲁迅的影响。

7. 由于家庭遭遇变故，鲁迅小时候没有机会继续读书。可是后来他为什么不去做文书或者经商？他走了一条什么样的路？

8. 读过这篇课文，你觉得鲁迅是一个什么样的人？你认为一个人的童年和家庭的影响对其一生是否重要？这种重要性表现在什么地方？

5 单元　中国的科举制度

预习提示：

1. 你知道什么是科举制度吗？中国为什么发明了科举制度？科举制有哪些优点和缺点？
2. 你听说过跟科举有关的故事吗？你知道不知道西方古代是怎样选拔官员的？
3. 你觉得科举制合理吗？为什么？

第二十六课　中国的科举制度

众所周知，中国是一个非常重视教育的民族。中国有着五千多年的文化，中国文化有着很多鲜明的特色，其中最突出的一点就是中国人对读书受教育的渴望和对知识的尊重。不论在中国历史上的什么时代，读书都受到了社会的普遍赞美。不管一个人多么有钱有权，如果他不读书、没有知识，也得不到社会的尊敬。

为什么中国人对读书和受教育有着那么深厚和特殊的感情呢？

早在两千多年以前，中国杰出的思想家和教育家孔子就极力主张推行教育。孔子认为通过教育可以使一个人得到知识，一个有知识而又有道德的人才可能成为一个完美的人，一个完美的人才能称为"君子"。做君子是中国知识分子的追求。孔子认为，一个国家的君主应该是君子。除了有知识有道德以外，他还应该爱自己的人民，信任并团结其他的知识分子来为国家服务，一起使国家富强、人民幸福。

除了重视教育外，孔子还提倡孝敬长辈、尊重权威、服从社会秩序和遵循传统的社会道德。孔子还提出了"仁爱"和"中庸"的伦理主张，他的观点对巩固封建社会的统治和加强中国的皇帝制度很有帮助，因此受到了中国历代皇帝的欢迎和提倡。

作为一名思想家和教育家，孔子号召他的学生要努力学好知识，帮助社会和人民。孔子要求他的学生都应该成为读书人的典范和君子，强调君子应该"正心，明德，修身，齐家，治国，平天下"，知识分子应该关心国家大事。孔子认为受教育是人生中最高尚、最重要的事，别的事都不如读书有意义。他的这种思想被后人总结为"万般皆下品，唯有读书高"。

孔子还说过："耕也，馁在其中矣；学也，禄在其中矣。"他认为读书的目的是为了获取知识，读书人获取了知识以后当然要做官，要为国家服务。这样，在后来，孔子的教育主张就被一般老百姓简单地理解成了"读书做官论"。

由于孔子的主张对封建统治有利，孔子的思想成了中国统治者思想的一部分，孔子的书就成了中国读书人的"圣经"。后来，中国的皇帝为了更好地统治国家，开始采用一种考试制度来选拔官员。这种考试制度要求全中国的读书人都要读儒家的书，并用儒家的书作为考试的标准。考试的内容和答案都必须在儒家著作中寻找，通过了考试的读书人就可以做官，成为各级官员。这种通过考试来选拔官员的方法被称作"科举制"，它对中国文化和中国的教育制度产生了极为深远的影响。

中国在唐朝以前就建立科举制度了，这在世界上是独一无二的。它规定，不管是什么人，不管你有没有钱，不管你有没有社会地位，人不分贵贱，地不分南北，只要你努力读书，都有可能通过参加考试而成为国家的官员。中国的科举制度曾经被西方的思想家认为是一种最合理的官员选拔制度，它做到了在考试面前人人平等。

由于政府不限制考试人的资格，这无疑会有益于在社会上选拔各种各样的人才；同时这样的制度还可以有效地避免很多有钱有势的人通过不正当的手段来做官。在这种制度的鼓励下，中国历史上有无数优秀的知识分子刻苦读书，努力学习治国济民的本领。在读书人的心中永远有一个成功的美梦在召唤着他们："经得十年寒窗苦，一举成名天下知。"如果通过自己的刻苦学习就可以证明自己的价值，如果靠努力读书就可以命运亨通、光宗耀祖，作为一个读书人，哪怕是一个再穷的读书人，他为什么不能做靠自己的努力来翻身的梦呢？事实上，在中国历史上就有无数这样的穷人通过考试翻身的故事和传说。

第二十六课　中国的科举制度

"书中自有黄金屋，书中自有千钟粟，书中自有颜如玉""洞房花烛夜，金榜题名时"，读书人曾经把通过科举考试赢得功名当作人生幸福的极致。为了这一天，即使把一生的力气用完，把泪眼望穿，把生命在漫漫企盼的长夜中耗尽，又有谁会说不值得！

科举、读书做官是一个说不完道不尽的话题。它有很多优点，比如它在选取人才上不拘一格，它所提倡的在考试面前人人平等的精神等都是整个世界文化史上的创举。它为将近两千年的中国封建统治制度选拔了无数优秀的官吏和管理人才，也为中国古代社会杰出知识分子的大量形成和发展提供了积极的背景。

然而，科举制的缺点和问题也是显而易见的。科举考试有很多局限性，比如它选取人才时过于看重考生对儒家文献的理解程度。它强调一切都必须以儒家的道德标准来衡量，"废黜百家，独尊儒术"，这样当然会局限当官的人的思想和思路。第二，科举考试着重考试古典而不重法律，不重民生经营；也轻视经济，反对经商，轻视科学和技术。这些在某种程度上为中国后来的落后埋下了种子。第三，科举考试往往强调文采、重文才知识而不够重视解决实际问题的能力。它造就了很多出色的文化人，但较少造就优秀的行政长官。这些教训也许是我们今天应该认真记取的。

> 三人行，必有我师焉。
>
> 岁寒，然后知松柏之后凋也。
>
> 不义而富且贵，于我若浮云。
>
> ——孔子

孔子画像

南京贡院。它是明、清两代全国最大的科举考场。

江苏南京的夫子庙，是著名的祭孔圣地。

生词 New Words

1. 鲜明	鲜明	xiānmíng	形	清楚明亮，分明而确定的	bright, distinctive
2. 渴望	渴望	kěwàng	动	迫切地希望或盼望	to desire
3. 杰出	傑出	jiéchū	形	超过一般的，出众的	distinguished
4. 推行	推行	tuīxíng	动	普遍地推广并实行	to carry out
5. 完美	完美	wánměi	形	完全而且美好	perfect
6. 信任	信任	xìnrèn	动	相信	to trust

第二十六课　中国的科举制度

7. 富强	富強	fùqiáng	形	富有而且强大　prosperous and strong
8. 遵循	遵循	zūnxún	动	遵照　to follow
9. 巩固	鞏固	gǒnggù	动	加强，使它坚固　to consolidate, to strengthen
10. 典范	典範	diǎnfàn	名	可以用作榜样和标准的人或事物　modle
11. 高尚	高尚	gāoshàng	形	品德高贵　noble
12. 耕	耕	gēng	动	用工具翻开土地种地　to plough, to till
13. 馁	餒	něi	形	饥饿；缺乏勇气　hungry; disheartened
14. 禄	祿	lù	名	古代官吏的薪水　salary
15. 圣经	聖經	shèngjīng	名	本指基督教的经典，这里代指儒家经典　Bible; Confucian classics
16. 采用	採用	cǎiyòng	动	采取并使用　to adopt
17. 科举制	科舉制	kējǔzhì	名	中国古代通过分科考试来选拔文武官员的制度　imperial examination system
18. 合理	合理	hélǐ	形	合乎道理　reasonable
19. 资格	資格	zīgé	名	做某种工作或参加某种活动应该具有的条件　qualification
20. 有益	有益	yǒuyì	形	有好处　to be good at ...
21. 避免	避免	bìmiǎn	动	想办法不让某种情况发生　to avoid
22. 济	濟	jì	动	帮助　to help
23. 钟	鍾	zhōng	量	古代的容量单位　ancient measure word, approximate to 650 pounds
24. 粟	粟	sù	名	谷子，泛指粮食　grain
25. 颜	顏	yán	名	脸，此处指好看的面容　fair face

26.	功名	功名	gōngmíng	名	功业和名声，考得科举称号或官职名位 scholarly honor or official rank
27.	极致	極緻	jízhì	形	达到了尽头，最高的地方　extreme end
28.	企盼	企盼	qǐpàn	动	盼望　to hope for, to long for
29.	创举	創舉	chuàngjǔ	名	从来没有过的有重大意义的措施或行为 pioneering work
30.	衡量	衡量	héngliáng	动	用秤来称，对事物进行比较和评价　to measure
31.	废黜	廢黜	fèichù	动	免去，取消　to depose, to dethrone
32.	着重	著重	zhuózhòng	动	注意并看重　to pay specific attention
33.	民生	民生	mínshēng	名	老百姓的生活　the people's livelihood
34.	文采	文采	wéncǎi	名	在文艺方面有才华，用词很美丽　literary grace
35.	文才	文才	wéncái	名	在写作方面有才能的人　literary talents
36.	教训	教訓	jiàoxun	名	从错误和失败中取得的经验　lesson
37.	记取	記取	jìqǔ	动	记住（经验教训、别人的话等） to remember a lesson

习惯用语和特殊表达用语

1. **万般皆下品，唯有读书高**：做所有其他的事都是低级的，只有读书才是高尚的事。

    ［般］量词，种，样。［品］等级。［唯有］只有。

    （1）中国古代的读书人有的非常骄傲，他们往往看不起别人，常常说"万般皆下品，唯有读书高"，只有他们读书人才是最聪明的。

（2）现在，人们认为，不管做什么事，只要努力都能成功，很少有人坚持过去那种"万般皆下品，唯有读书高"的想法了。

2. 独一无二：唯一的。没有跟它相同的或可以比较的。
（1）万里长城在世界上是独一无二的。
（2）有人说，黄山的美在中国是独一无二的。

3. 人不分贵贱，地不分南北：不论是有钱人还是没钱的人，不论是南方还是北方，都没有例外。
（1）人不分贵贱，地不分南北，每个人都应该站出来保卫自己的祖国。
（2）这是一个强调个人奋斗的国家。人不分贵贱，地不分南北，只要你努力，只要真的有才能，你就能成功。

4. 经得十年寒窗苦，一举成名天下知：如果能够经历过十年艰苦的读书生活，等到一下子成了名会被天下的人称赞和佩服。
［经］经历。［寒窗］清苦的读书生活。［一举］一下子。
（1）在古代中国，"经得十年寒窗苦，一举成名天下知"是读书人世世代代的梦想。
（2）过去人人都看不起他，没想到他真的"经得十年寒窗苦，一举成名天下知"了。他成功了，成了人们的榜样。

5. 命运亨通：运气旺盛，事业发达。
［亨］顺利，通达。
（1）他这几年命运亨通，事业发达，可是他为什么要出国呢？
（2）谁都想不到他这么一个命运亨通的人居然还有过这么一段坎坷的经历。

6. 书中自有黄金屋，书中自有千钟粟，书中自有颜如玉：这句话是中国有名的劝学格言，意思是只要努力学习，博取了功名，自然能有荣华富贵，自然也少不了美貌女子。这句话主要是说明读书的重要性。

[自] 当然。

（1）读书实际上是一件苦事。虽然在古代，差不多人人都知道"书中自有黄金屋，书中自有千钟粟，书中自有颜如玉"这样的话，可是真正通过科举考试考取功名的人仍然只是少数。

（2）那时候，谁不相信"书中自有黄金屋，书中自有千钟粟，书中自有颜如玉"啊，可是他读了一辈子书，却什么功名也没有。

7. 洞房花烛夜，金榜题名时：形容新婚之夜时的喜悦和科考中举时的欢喜。

（1）洞房花烛夜，金榜题名时。你们看他今天多高兴啊，大家就多喝几杯吧。

（2）新婚的同时，他考上博士了！这真是"洞房花烛夜，金榜题名时"，今天我们一定要好好儿为他庆祝庆祝！

8. 说不完道不尽：很难表达完的内容。

[道] 说，表达。

（1）在很多国家的文化里，重男轻女是一个说不完道不尽的话题。

（2）这件事情对人们内心的影响是巨大的，它将会成为一个说不完道不尽的话题被人们永远谈论着。

9. 不拘一格：不被任何规矩所限制。

[拘] 限制，局限。[格] 规格，规矩。

（1）他做事从来都喜欢不拘一格，所以请你这次一定不要劝他，否则他会生气的。

（2）做事情不拘一格是有很多好处，可是遵守一些起码的规矩也是必要的。

10. 显而易见：很容易看得出来。

[显] 明显。

（1）显而易见，他的这种想法是不对的。

（2）谁说这个观点显而易见？这本书我看了三遍了，怎么没看到这个说法？

句型和词语操练

• 渴望

1. 虽然他渴望上大学,可是那时候他没有钱交学费。等到有钱以后,他已经没有这种渴望了。

2. 他渴望成功,于是_____

_____。

3. 他虽然一直渴望_____

_____。

• 杰出

1. 他的老师告诉他,要想成为杰出的人必须不怕吃苦,努力奋斗。二十年以后,想到这些话他仍然觉得很有道理。

2. 他是一位很杰出的人才,_____

_____。

3. 通过刻苦努力,_____

_____。

• 推行

1. 他们公司为了吸引更多的顾客,常常推行各种新的服务计划。

2. 这个政策自从推行以来_____

_____。

3. 虽然我们愿意推行这个方法,_____

_____。

• 遵循

1. 培养教育儿童要遵循其成长规律，不能急于求成。
2. 虽然美国人不太遵循传统，_____
   _____。
3. 学习一门语言是一个循序渐进的过程，_____
   _____？

• 巩固

1. 要想巩固自己学到的知识，最好的办法是经常复习，同时要努力寻找机会使用这些知识。
2. 为了巩固和男朋友的感情，她_____
   _____。
3. 平时的考试和测验都是_____
   _____。

• 采用

1. 你准备采用什么样的方法来解决这个问题呢？
2. 他最后决定采用医生的建议，_____
   _____。
3. 他虽然没有直接采用我的意见，_____
   _____。

• 有益于

1. 他说每天喝牛奶有益于健康，可是有人说天天喝牛奶容易发胖。
2. 飞机票降价有益于_____，但是_____
   _____。

第二十六课　中国的科举制度

3. 你觉得跑步真的有益于_____
   _____?

• **避免**

1. 幸亏那位司机眼疾手快，及时刹车，才避免了一场交通事故。
2. 为了避免引起不必要的麻烦，_____
   _____。
3. 你虽然不喜欢去医院_____
   _____。

• **创举**

1. 电脑的发明简直是一个创举，它为人类文明的进步做出了很多贡献。
2. 20世纪最伟大的创举_____
   _____。
3. 这样的一种设计真是前所未有_____
   _____。

• **教训**

1. 你先别急着下结论，我们在这方面有过足够的教训。
2. 现在不是你教训人的时候，_____
   _____。
3. 我已经把他教训了一顿，现在_____
   _____。

203

综合练习

一、根据课文内容，回答下列问题

1. 中国人为什么那么尊敬孔子？孔子的思想对中国人的文化和生活有什么影响？
2. 中国古代为什么赞美"君子"？你认为在今天什么样的人才是一个君子？
3. 中国的历代皇帝为什么欢迎和提倡孔子的思想？
4. 科举考试为什么要用儒学的书作为标准？这对中国的文化和政治制度产生了什么样的影响？
5. 中国是从什么时候开始产生科举制的？科举制对考试人的身份和资格有什么要求？
6. 中国古代的读书人为什么把通过科举考试赢得功名当作人生幸福的极致？
7. 你读过关于中国古代科举考试方面的书吗？你听说过有关科举考试方面的故事吗？能不能介绍一下儿？
8. 请你谈谈对中国古代科举制的看法。

二、用下列词语造句

1. 鲜明：_____
2. 完美：_____
3. 信任：_____
4. 高尚：_____
5. 典范：_____
6. 资格：_____
7. 极致：_____

8. 衡量：_____

9. 着重：_____

三、找出下列每组词中的近义词或同义词

- 鲜明　　　鲜艳　　　新鲜　　　明确
- 杰出　　　非凡　　　美丽　　　优秀
- 推行　　　推动　　　提倡　　　行动
- 信任　　　任务　　　担任　　　相信
- 遵循　　　遵守　　　跟随　　　尊敬
- 典范　　　古典　　　模范　　　榜样
- 采用　　　采集　　　使用　　　应用
- 企盼　　　企业　　　盼望　　　希望
- 着重　　　注意　　　注重　　　重要

四、选词填空

合理　推行　采用　避免　资格　完美　教训　高尚　渴望

1. 小明一直_____能拥有一台属于自己的电脑。

2. 他们公司正在全面_____这个计划。

3. 这篇小说写得真不错，可就是结尾部分写得有点儿不太_____。

4. 我不相信他会做出这种事。他的人品很_____，人人都尊敬他，他不可能做出你说的那件事。

5. 丽丽提的那个建议很好，她一提出马上就被_____了。

6. 他说这个政策有一些不_____的地方，应该先修改一下儿再宣布。

7. "在美国，当老师要通过_____考试吗？""那当然了！"

8. 为了_____发生冲突，大家都劝他先走一步，有什么意见明天再接着讨论。

9. 现在最重要的不是讨论新方案，而是要认真讨论一下儿如何从旧方案中吸取_____。

五、用括号里的词语改写句子

1. 不管一个人多么有钱有权，如果他不读书，没有知识，也得不到社会的尊敬。（即使……也……）

2. 不论在中国历史上的哪个时代，读书都会受到社会的普遍赞赏。（只要……就……）

3. 孔子认为一个国家的君主应该是君子。他们除了应该有知识、有道德以外，还应该爱自己的人民，信任并团结其他的知识分子来为政府服务。（不但……而且……）

4. 除了重视教育以外，孔子还提倡孝敬长辈、尊重权威、服从社会秩序和遵循传统的社会道德。（不仅……还……）

5. 科举考试着重考试古典而不重视法律，不重视民生经营，轻视经济，反对经商，轻视科学和技术。这些都为中国后来的落后埋下了种子。（……因而……）

6. 科举考试强调文采知识，而不注重解决实际问题的能力，因此造就了很多出色的文化人，但并没有造就多少优秀的行政长官。（虽然……可是……，因此……）

六、写作练习

1. 用一句话来总结出课文中每一个段落的意思。
2. 用三句话来概括出这篇课文的主要内容和观点。
3. 你读过有关科举考试制度的书吗？你知道关于科举考试的故事吗？请写一篇短文谈谈你的看法。
4. 你认为中国科举考试制度有什么优点和缺点？
5. 你认为应该不应该考试（如科举考试/SAT/GRE）？请写一篇短文谈谈考试制度的合理性。

第二十七课　范进中举

在中国古代，广东有一个小城，城里有一个读书人叫范进，他的家里很穷。因为他穷，别人都看不起他。范进从二十岁那年就开始参加科举考试，他希望自己能考中，如果考中他就能当官，当了官，自己就会有钱有势，别人再也不敢看不起他了。可不幸的是，他一直考了三十多年，直到五十多岁了还没考上。

这一年，他又去参加考试。天气已经很冷了，可是范进穷得连一件像样的衣服都没有。在考场，别人都穿得很漂亮，只有范进穿得破破烂烂的。主管考试的官员自己也曾经是一个穷书生，看到这样一个穷人来参加考试，很可怜范进。于是，这个官员就想照顾照顾他。可是，当他看到范进的试卷时，觉得写得实在不好，他又看了两遍，还是觉得自己帮不上忙。

考试结束了，主考官员已经开始录取了。他没法帮助范进，可是范进那穷苦和不幸的影子始终在他面前摇晃着。他终于又一次拿起了范进的试卷。这次他仔仔细细地又读了一遍，忽然发现范进的文章其实写得非常好，只是他的风格不太好懂，一般人看不出来。考官感慨道："连我本人都差一点儿没看懂，要不然就错过了一个人才。"他马上高兴地把范进录取成了秀才，并鼓励他参加举人考试。

按科举考试的规矩，秀才考试只是科举制的一种资格考试，仅仅当了秀才是不能做官的，秀才必须参加举人考试。

范进当了秀才，心里很高兴。他想参加举人考试，可是没有路费。范进的岳父是个杀猪的，平时看不起范进，对范进很不客气，范进也非常怕他。他岳父有一些钱，范进需要钱去参加考试，这次考试是他一生中最重要的一次机会，他不能错过。于是，范进鼓足勇气想向岳父借点儿钱去参加考试，没想到，他刚提到要考举人，就被岳父大骂了一顿。

范进没有办法，只好向朋友借了一点儿钱，偷偷儿地跑去参加了考试。范进的家里穷极了，考完试回家，他发现家里已经穷得没有任何东西了，家里人也已经两三天没吃饭了。

范进的母亲饿得已经看不见了，她让范进把家里唯一的一只鸡卖掉，买些粮食吃。范进刚出门，忽然城里来了一个马队，他们敲锣打鼓地跑到范进家里，通知他中了举人。按照科举制的规定，考上了举人就可以做官了，所以人们都抢着向他家祝贺，巴结他们，还给他家送来了钱、酒和好吃的东西。一会儿，第二批、第三批报喜的马队又来了。

可这时范进并不知道自己中举的喜讯，他还在市场上努力地卖鸡。因为一直没人买，他担心鸡卖不掉母亲会挨饿，所以心里特别着急。这时候，他的邻居跑来通知他中了举人。范进为了这一天，已经苦苦等待了几十年，所以他不敢相信这个好消息，认为邻居是跟他开玩笑的，没有理他。邻居急了，拉着他就让他回家。范进到家看到那么多报喜的人，终于相信了。但他忽然大笑一声，一下子摔倒昏过去了。

醒过来以后，范进高兴得疯了。他跑到大街上疯狂地大笑，一边笑还一边拍手，结果一不小心就摔倒了，摔了一身泥，又跑掉了一只鞋。过了一会儿，他大喊大叫唱着歌跑远了。

大街上看到的人都吓坏了，范进的母亲也吓得哭了起来。他们为他感到难过——范进辛辛苦苦奋斗了几十年，盼着自己能中举，可中了举后他竟高兴得疯了！

这时有人出了个主意：范进是因为高兴而疯的，如果找一个他害怕的人吓唬他一下儿，他的疯病可能就会被治好。范进平时最怕的人就是他的岳父，人们就请他岳父来吓唬他。可是没想到，平时最看不起范进的岳父听说范进中了举，认为他现在已经变成了天上的神仙，岳父怎么也不敢去吓唬他，更别提打他了。在大家的一再劝说下，为了救他，岳父终于喝了两碗酒壮了壮胆，鼓足勇气去找范进。

范进平时极怕岳父，即使在疯的时候，见了岳父，也已经吓得好了一半。岳父到他面前骂了他一句，并狠狠地打了他一巴掌，结果范进的疯病吓得果然彻底好了。而他的岳父却吓得自己的手得了病，他认为自己打了天上的神仙，理应受到惩罚……

范进的疯病好了以后，很多大官和有钱人都去向他祝贺。这些人有的送钱给他，有的送房子给他，有的送家具给他，还有其他很多贵重的东西。只有半天时间，范进就变成了一个有钱人。

一个普通的穷人，考中了举人，一下子就改变了自己的整个命运。这就是为什么中国古代读书人那么热爱科举制的原因。范进以前那么穷，一下子有了这么多钱，他的母亲太高兴了。由于高兴过度，他的母亲得了重病去世了。

古代规定，母亲死了，儿子应该在家守孝，不能出去做官。范进虽然中了举，却没能做上官。

根据《儒林外史》故事改写

生词 New Words

1. 破破烂烂	pòpòlànlàn	形	tattered, ragged, worn-out
2. 主管	zhǔguǎn	动	to be responsible for, to be in charge of
3. 录取	lùqǔ	动	to enroll, to recruit

4.	摇晃	yáohuàng	动	to rock, to sway, to shake
5.	仔仔细细	zǐzǐxìxì	形	extremely careful
6.	感慨	gǎnkǎi	动	to sigh with emotion
7.	路费	lùfèi	名	traveling expenses
8.	鼓足	gǔzú	动	to arouse, to inspire
9.	勇气	yǒngqì	名	courage
10.	偷偷儿	tōutōur	副	stealthily, secretly
11.	粮食	liángshi	名	grain, cereal, food
12.	敲锣打鼓	qiāoluó-dǎgǔ		to beat a gong and beat a drum (with happy mood)
13.	巴结	bājie	动	to play up to, to fawn on
14.	喜讯	xǐxùn	名	good news
15.	邻居	línjū	名	neighbor, neighborhood
16.	摔	shuāi	动	to tumble, to fall
17.	疯	fēng	动	to be mad, to be crazy
18.	疯狂	fēngkuáng	形	mad, crazy
19.	竟	jìng	副	unexpectedly
20.	吓唬	xiàhu	动	to frighten, to scare, to intimidate
21.	神仙	shénxiān	名	supernatural being, celestial being, immortal
22.	壮胆	zhuàng dǎn		to embolden, to boost sb's courage
23.	惩罚	chéngfá	动	to punish, to penalize

Exercise One: Remembering Details

细读本文，指出下列句子提供的信息是对的还是错的。如是错的，请改成正确的答案

1. 范进是个很聪明的读书人，他家里很穷，但他在二十岁时考上了秀才。（   ）
2. 因为范进很穷，考试时他穿的衣服破破烂烂的，所以考试的官员很可怜他，愿意帮助他。（   ）
3. 刚开始，考官觉得范进的文章写得实在不好，很难帮上他的忙。（   ）
4. 最后，考官发现范进的文章不错，但是风格比较难懂，所以考官没录取他。（   ）
5. 按中国古代的传统，当了秀才的人就有了做官的资格。（   ）
6. 范进要去城里当官，向他岳父借路费，他岳父不愿意借给他，还骂了他。（   ）
7. 因为岳父强烈反对，范进最后没有去城里当官。（   ）
8. 范进考上了举人，可是他不相信自己有那么好的运气。（   ）
9. 范进考上了举人，可是他的岳父吓疯了。（   ）
10. 范进的疯病一直没好，所以没当上大官。（   ）

Exercise Two: Analyzing Ideas

根据文章内容，选择正确的答案

1. 范进考科举一直考了三十多年，他的目的是为了_____。
   A. 当大官   B. 做名人   C. 有学问
2. 主管考试的官员刚开始时注意到范进，是因为觉得范进_____。
   A. 穿得漂亮   B. 文章写得好   C. 非常可怜
3. 按照科举考试的规定，考完秀才以后才能_____。
   A. 参加更高的考试   B. 考资格考试   C. 当大官
4. 范进并不知道自己中举的喜讯，因为那时他正在_____。
   A. 煮饭   B. 敲锣打鼓   C. 卖鸡

5. 范进终于考上了举人，但是因为太高兴，所以他_____。
   A. 饿死了　　　　　　　B. 疯了　　　　　　　C. 学会了巴结人
6. 有人请范进的岳父来给他治疯病，可是他岳父不愿意，因为他_____。
   A. 不敢去　　　　　　　B. 想吓唬范进　　　　　C. 想惩罚范进

Exercise Three: Synonyms

根据上下文的意思，找出句中加点词的同义词

1. 他希望自己能考中，如果考中他就能当官，当了官，自己就会有钱有势。（　　）
   A. 权力　　　　　　　　B. 本领　　　　　　　　C. 学问
2. 考官发现范进的文章其实写得不错，只是他的风格不太好懂，一般人看不出来。考官感慨道："连我本人都差一点儿没看懂，要不然就错过了一个人才。"（　　）
   A. 生气　　　　　　　　B. 难过　　　　　　　　C. 感叹
3. 范进一考上举人，马上就有很多人来巴结他。（　　）
   A. 批评　　　　　　　　B. 答应　　　　　　　　C. 讨好
4. 为了救他，岳父终于喝了两碗酒壮了壮胆，鼓足勇气去找范进。（　　）
   A. 吓唬　　　　　　　　B. 助威　　　　　　　　C. 生气

Exercise Four: Discussion Questions

讨论下面的问题

1. 范进家里这么穷，他为什么还要参加科举考试？
2. 范进考了三十多年都没考上，他为什么还一直参加考试呢？
3. 范进为什么考不上？过去主考官员为什么不录取他？现在的主考官又为什么会录取他？
4. 范进的岳父为什么不借给他钱？后来他为什么又那么巴结范进？
5. 范进为什么刚开始不相信他真的中举了？知道自己中举后，他为什么又疯了？
6. 范进中举后，得到了什么好处？

第二十八课　给爸爸的信

爸爸：

　　我不知道我应该怎样称呼你，是该叫你"爸爸"还是该叫你"警察"或"暴君"呢？这几个星期我们家的日子实在太难熬了。家，对我来说，简直就像一个监狱或疯人院。

　　您知道，我并不是一个坏孩子。只不过因为一次考试没考好，您就这样拼命骂我。当然，我不该因此就去喝酒，更不该喝了酒又去闹事，被警察抓起来。可是您想一想，如果当时您不是那么粗暴地对待我，不是因为我考得不好就那么无情地侮辱我，我会离家出走吗？如果我不离家出走，这些事情会发生吗？

　　您知道，这些年来，我一直是个懂事的孩子。您让我学钢琴我就学钢琴，您让我学外语我就学外语，就连您让我学武术我都去学了！每天早上五点钟，别的孩子还在睡觉的时候我就要起床练习打拳。下午下课后，别人都可以像小鸟一样自由自在地玩一会儿，可我不能，我要学钢琴。吃了晚饭，别人都可以看看电视，休息一会儿。可我呢？我还要拖着疲倦的身体去学那可恨的外语。

　　有好多好多次，我恨钢琴，我真想把钢琴砸了！您知道吗？您只知道让我在您的生意朋友面前表演，炫耀我的琴技，可您知道我有多么恨这架钢琴吗？

　　我考上了重点学校，您和妈妈的确高兴了一阵子，可是高兴过后你们想想，你们让我吃了多少苦？甚至您还建议我应该再学一门外语。您知道学一门外语要花费多少时间吗？您知道，为了您的一点儿小小的虚荣心，

第二十八课 给爸爸的信

您的儿子要付出什么样的代价吗？是的，您答应过我，要带我出去**度假**，好好儿地玩儿一玩儿。可是三年过去了，您自己出去度假无数次了，您带我出去过一次吗？您问过我想不想去了吗？

我知道，我这次被警察**拘留**大大丢了您的脸，也让我考大学的梦受到了影响。因此，您有理由这样粗暴地对待我。您可以打我骂我，您可以在客人面前侮辱我，您甚至可以不**承认**我是您的儿子。可是，请您仔细地想一想，您这样做有用吗？您这样做能让我**心服口服**吗？

我曾经是你们的骄傲。你们把我当作**超人**，认为我什么都能学会。可是我不能。您知道每学会一点儿东西，我要流多少眼泪吗？

在**警察局**里，我受到了教育，也知道了自己的错误，我决心改正。警察相信我，学校相信我，他们都愿意给我机会，让我改错。唯有您，您不愿意再相信我，把我当成了坏人。这些天来，您在折磨我，您想再一次地逼我离开家，再一次地犯错，是不是？

爸爸，我不愿意说"求求您"，但是我想让您知道：我过去不是您曾经想得那么好，现在也不是您想得那么坏。不管您喜欢不喜欢，我就是我。

我本该亲口告诉您这些，可是我知道，根据您现在的情况，您不会耐心听我讲完上面的话，所以我选择用这样一种方式告诉您。

您的儿子：大伟
8月2日

生词 New Words

1.	监狱	jiānyù	名	jail, prison
2.	粗暴	cūbào	形	rude, rough, crude, brutal

3. 武术	wǔshù	名	Kungfu, Chinese martial arts
4. 打拳	dǎ quán		to play Kongfu or boxing
5. 疲倦	píjuàn	形	tired, fatigued
6. 可恨	kěhèn	形	hateful
7. 砸	zá	动	to break, to smash
8. 建议	jiànyì	动	to suggest
9. 虚荣心	xūróngxīn	名	vanity
10. 度假	dù jià		to spend one's holidays, to go vacationing
11. 拘留	jūliú	动	to detain, to hold in custody, to intern
12. 承认	chéngrèn	动	to admit, to acknowledge, to recognize
13. 心服口服	xīnfú-kǒufú		to be sincerely convinced
14. 超人	chāorén	名	superman
15. 警察局	jǐngchájú	名	police station

Exercise One: Remembering Details

细读本文，指出下列句子提供的信息是对的还是错的。如是错的，请改成正确的答案

1. 大伟是在监狱里给爸爸写信的，他很想念爸爸。　　　　（　　　）
2. 因为大伟考试没有考好，他就出去喝酒了。　　　　　　（　　　）
3. 大伟的爱好太多，所以他考试没有考好。　　　　　　　（　　　）
4. 虽然大伟不喜欢弹钢琴，可是他爸爸让他学，他就学了。（　　　）
5. 大伟的爸爸让他学两门外语，大伟感到很不高兴。　　　（　　　）
6. 大伟的爸爸答应过带他出去度假，却三年里都没带他出去过。（　　　）

7. 因为大伟犯了错，所以警察粗暴地打他骂他，他很难过。　　（　　　　）
8. 大伟最后很真诚地请求他的爸爸原谅他。　　　　　　　　（　　　　）

Exercise Two: Analyzing Ideas

根据文章内容，选择正确的答案

1. 因为大伟认为爸爸对他不好，所以他说他_____。
   A. 不知道怎样称呼父亲　　B. 要当暴君　　C. 要去警察局

2. 大伟被警察抓起来是因为他_____。
   A. 喝酒闹事　　B. 不尊敬父亲　　C. 考试不好

3. 因为大伟的爸爸对他要求太高，他每天_____。
   A. 很骄傲　　B. 很喜欢炫耀　　C. 很累很苦

4. 大伟的爸爸让他学第二门外语，他很不高兴，因为_____。
   A. 他有虚荣心　　B. 代价太大　　C. 五点起床

5. 大伟犯了错，大伟的父亲就_____。
   A. 粗暴地对待他　　B. 把他送到警察局　　C. 很快原谅了他

6. 大伟本来愿意给爸爸当面解释一下儿他的想法，可是_____，只好写信来谈。
   A. 怕爸爸没有耐心　　B. 怕爸爸犯错　　C. 怕爸爸太忙

Exercise Three: Synonyms

根据上下文的意思，找出句中加点词的同义词或它的意思

1. 我还要拖着疲倦的身体去学那可恨的外语。（　　　）
   A. 受伤　　B. 劳累　　C. 笨拙

2. 您只知道让我在您的生意朋友面前表演，炫耀我的琴技，可您知道我有多么恨这架钢琴吗？（　　　）
   A. 夸耀　　B. 练习　　C. 表达

3. 我知道，我这次被警察拘留大大丢了您的脸。（　　）

   A. 扣留　　　　　　　B. 打骂　　　　　　　C. 侮辱

4. 这些天来，您在折磨我，您想再一次地逼我离开家。（　　）

   A. 让……受苦　　　　B. 让……害怕　　　　C. 让……生气

Exercise Four: Discussion Questions

讨论下面的问题

1. 为什么在文章的第一段，作者对爸爸称呼时用"你"而其他段用"您"？
2. 大伟平时是个什么样的孩子？他为什么犯错？
3. 大伟的父亲平时对大伟怎么样？他为什么生这么大的气？
4. 大伟为什么非得用写信的方式同父亲交流？
5. 你理解大伟吗？你愿意了解一下儿他父亲的真实想法吗？请你仔细读一下儿下一篇课文中他父亲写的信。

第二十九课　父亲的信

大伟：

我们每天住在同一所房子里却不得不用写信的方式来交流，这真是一种很奇怪的感觉。可我还是很高兴你把你想说的话都告诉我了。

这么多年来，这是我第一次了解了你那么多的心里话。我第一次知道你不喜欢钢琴，不喜欢打拳，不喜欢我让你在朋友面前表演——我一直以为你喜欢这些。以前每次我让你做的时候你都做了，我以为你很愿意做。对于这，我至少要感谢你做得不错，感谢你的懂事，你掩藏着你的不满，竟没让我看出来，没让我感到尴尬。

大伟，你知道，爸爸是一个没有多少文化的人。爸爸小时候在农村长大，从小连饭都吃不饱，当然更不可能去上学了。我记得小时候看到村里有钱的孩子穿得整整齐齐地去上学，我的心里多么羡慕啊！我做梦都想去上学、读书、出人头地。可是我每天都要帮爷爷干农活儿，我只读了几年书。我识字都是靠看古典小说如《水浒传》《三国演义》《西游记》学会的。

后来国家政策变了，允许农民经商。爸爸吃苦受累拼命地奋斗，最后来到城里，成立了一家公司，生意越做越好。这些年爸爸攒了很多钱。有了钱，爸爸就想做一个文化人，想学知识，想读书，可是已经晚了。我知道，不读书、没知识，就不能成为一个文化人，可我不能撂下生意去读书。我不甘心就这么混一辈子，于是我就报名上了夜大。你知道爸爸平时有多忙，白天拼命工作，晚上还要拖着疲惫的身体去夜大读书。我年纪大了，基础不好，记性也差。儿子，我知道你学习努力，可是你应该知道，爸爸学习更努力，每天做作业都做到深夜，总是在你们睡着以后才睡的。

其实，没有一个人逼爸爸读书。爸爸为什么还要读书呢？记得小时候咱们家穷，爷爷不仅不鼓励我，甚至害怕我读书，因为读书会**耽误**干活儿。现在，爸爸有钱了，爸爸终于可以自由地读书了。儿子，你想一想，爸爸像你那么大的时候根本就没见过钢琴，没吃过一顿肉饺子；我十五岁以前就没穿过一双新鞋子。爷爷也没有文化，他不会教育孩子，我小时候没少**挨打**。可爸爸舍不得打你。想一想，从小到现在，爸爸打过你几次？

爸爸这辈子已经失去了读书的好机会，但爸爸一心想让你好好儿读书，成为一个有文化有知识的人。为了培养你，爸爸不怕吃苦不怕受累，努力工作，为你多挣钱。给你买钢琴时你还小，那时钢琴还很贵，咱们这儿就没有几家人能买得起。你不知道买那架钢琴几乎是花掉了我和你妈妈**积攒**了好几年的**血汗钱**！你现在竟然说你想把它砸了！想想吧，儿子，爸爸为什么要让你学钢琴？

是的，我想让你**争气**，让你实现我的梦，让你做一个才艺兼备的文化人。这，难道错了吗？

是的，我除了让你学钢琴，还让你学武术，因为我想让你做一个全面发展的人。难道这事爸爸也错了？

学外语有什么不好？爸爸打算将来让你出国，让你光宗耀祖，不学外语行吗？

孩子，你应该知道，爸爸妈妈苦苦**辛劳**一辈子是为了啥。为了怕影响你学习，你不看电视，爸爸妈妈也不看电视。你抱怨爸爸度假不带着你，难道爸爸心疼钱吗？爸爸是怕耽误你学习。我总是想，现在你还小，现在你主要的任务是读书，等你长大了，有出息了，你有的是**机会**出去玩儿。你应该知道爸爸妈妈奋斗一辈子，都是为了培养你！

你犯了那么大的错，进了警察局，还被拘留了几天，你倒是说得那么**轻描淡写**！考试考得不好，批评了你几句你就跑了，跑出去你居然还敢喝酒，喝了酒你还敢闹事，去骚扰女孩子！幸好那女孩儿是你同学，她原谅了你，幸好警察局原谅你酒后失控是初犯，又因为你年龄小原谅了你。要不然你想想，你会毁掉自己一生的前途。

大伟，你现在改还来得及。你知道，如果及时改正了，这件事就不会影响你考大学。以后你必须用比别人多很多倍的努力才能挽回这些错误带来的损失。我和你妈妈希望你能尽快悔改。

你的爸爸

8月3日

生词 New Words

1.	至少	zhìshǎo	副	at least
2.	掩藏	yǎncáng	动	to hide, to conceal
3.	农活儿	nónghuór	名	farm work
4.	拼命	pīn mìng		to risk one's life, to go all out regardless of danger to one's life
5.	夜大	yèdà	名	evening university
6.	记性	jìxing	名	memory
7.	耽误	dānwu	动	to postpone, to delay
8.	挨打	ái dǎ		to take a beating, to get a thrashing
9.	积攒	jīzǎn	动	to save (money)
10.	血汗钱	xuèhànqián	名	money earned by hard toil

11.	争气	zhēng qì		to try to make a good showing, to try to win credit for, to try to bring credit to
12.	辛劳	xīnláo	形	toil
13.	机会	jīhuì	名	opportunity, chance
14.	轻描淡写	qīngmiáo-dànxiě		to be an understatement
15.	幸好	xìnghǎo	副	fortunately, luckily
16.	初犯	chūfàn	动	first offense
17.	改正	gǎizhèng	动	to correct, to amend

Exercise One: Remembering Details

细读本文，指出下列句子提供的信息是对的还是错的。如是错的，请改成正确的答案

1. 父亲要在监狱里给儿子写信，他感到很羞耻。　　　　　　　　　（　　　）
2. 父亲让儿子表演时，儿子不愿意表演，这让父亲很尴尬。　　　　（　　　）
3. 因为爸爸没有文化，所以他想让儿子努力学习。　　　　　　　　（　　　）
4. 父亲小时候没机会读书，有钱以后，他决定要上夜大，学习更多的知识。　　　　　　　　　　　　　　　　　　　　　　　　　　　（　　　）
5. 因为父亲家里很穷，他要干活儿，所以小时候爷爷不让他读书。　（　　　）
6. 为了买钢琴，家里花光了所有的钱。　　　　　　　　　　　　　（　　　）
7. 父亲打算让儿子学外语出国。　　　　　　　　　　　　　　　　（　　　）
8. 为了不影响大伟学习，他爸爸妈妈连电视都不看。　　　　　　　（　　　）
9. 大伟是因为喝酒闹事才被警察抓起来的。　　　　　　　　　　　（　　　）

10. 大伟认为自己没有错，他不愿意考大学了。　　　　　　（　　　）

Exercise Two: Analyzing Ideas

根据文章内容，选择正确的答案

1. 大伟的爸爸觉得跟儿子住在一起却要写信来交流，他感到很_____。

    A. 奇怪　　　　　　　B. 羞耻　　　　　　　C. 不好意思

2. 爸爸原来_____大伟不喜欢他让大伟学这么多东西。

    A. 不知道　　　　　　B. 知道　　　　　　　C. 愿意

3. 大伟的爷爷是个_____。

    A. 生意人　　　　　　B. 农民　　　　　　　C. 个体户

4. 大伟的爸爸读夜大是因为_____。

    A. 想学习做生意　　　B. 想当文化人　　　　C. 想当有钱人

5. 爸爸想让大伟好好儿学习，将来让他出国，是为了_____。

    A. 当文明人　　　　　B. 光宗耀祖　　　　　C. 全面发展

6. 爸爸不带大伟出去旅游是怕他_____。

    A. 耽误学习　　　　　B. 不回来了　　　　　C. 心疼钱

Exercise Three: Synonyms

根据上下文的意思，找出句中加点词的同义词或它的意思

1. 我们每天住在同一所房子里却不得不用写信的方式来交流，这真是一种很奇怪的感觉。（　　）

    A. 传达想法　　　　　B. 互相批评　　　　　C. 说自己的话

2. 你掩藏着你的不满，竟没让我看出来，没让我感到尴尬。（　　）

    A. 藏起来　　　　　　B. 掩护　　　　　　　C. 流露出来

3. 你犯了那么大的错，进了警察局，还被拘留了几天，你倒是说得那么轻描淡写！

( )
   A. 很美丽　　　　　　B. 很轻松　　　　　　C. 很好笑
4. 你居然还敢喝酒，喝了酒你还敢闹事！（　　）
   A. 突然　　　　　　　B. 猛然　　　　　　　C. 竟然

Exercise Four: Discussion Questions

讨论下面的问题

1. 看了父亲的信，你觉得他的严厉有道理吗？你同情这个父亲吗？
2. 父亲为什么对儿子有着那么高的期望？你认为这公平 (fair) 吗？
3. 父亲为什么那么喜欢读书？他认为什么样的人是文明人？
4. 父亲小时候受的是什么样的教育？他认为那种教育怎么样？他为什么年纪这么大了还坚持上夜大？
5. 你觉得父亲的话有没有道理？他的道理跟大伟的道理有什么不一样？我们应该听信谁的道理？
6. 你觉得大伟读了爸爸的信以后会有什么样的想法？他会听爸爸的话改正吗？
7. 请你根据这两封信提供的情况，给大伟或他爸爸写一封信，谈谈你的想法以及你对这件事的处理意见。

第三十课　丁龙先生的梦

著名的纽约市有一所有名的大学，这所大学就是哥伦比亚大学，我们简称为"哥大"。哥大有一个很有名的系叫东亚系，这个系的汉学研究享誉世界，一直是西方汉学研究的重镇。

哥大的东亚系成立一百多年了，是美国成立最早和最有成就的东亚系之一。大家都知道它的成功，可是很少有人知道它的历史。它今天这么有名，很多人一定以为它是一个很有名并且很有身份的人建立的。其实不是，这个系是一个穷苦的华侨劳工努力奋斗并发起捐献创办的。这个劳工的名字叫丁龙。

一百多年前，中国正处在一个灾难深重的时期。那时候，清朝政府和西方国家经常有冲突，在冲突中中国人总是吃亏，打仗总是失败，谈判总是受害。在强大的西方面前，中国文化显得比较落后，西方人看不起中国文化。中国人那时候深深地感到自己落后了，可是又找不到出路。清朝政府也非常腐败，人们愤怒地推翻了清政府。可是推翻了清政府，中国到底何去何从呢？中国如何能够强大起来？

当时有很多中国人被迫到西方去谋生，有很多中国人来到美国当劳工。丁龙就是这样一个劳工。丁龙小时候受过一点儿教育，他非常诚实聪明。在美国，他工作努力，好学上进，被他的主人看上了。他的主人名字叫卡本蒂埃，是美国一个城市的市长。他非常有钱，为人也很慷慨。由于丁龙工作十分努力，卡本蒂埃很喜欢他，不久就把他提拔为管家。这样，他长期在卡本蒂埃身边工作，替他处理很多事务，卡本蒂埃也越来越喜欢他。从他身上，卡本蒂埃看到了中国人的很多优秀品质，开始用不同的眼光来理解中国并开始关心中国文化。

丁龙勤勤恳恳地为卡本蒂埃工作了一辈子，卡本蒂埃非常感激他。丁龙老了，他告诉卡本蒂埃他应该退休了。卡本蒂埃舍不得让他离开，为了感谢丁龙为他服务了这么久，他提出了一个十分感人的条件：在丁龙离开时他愿意尽他最大的能力来满足丁龙的一个要求。丁龙刚开始谢绝了。他一生从不愿意求人，怎么能在临走时再麻烦主人呢？可是卡本蒂埃坚持一定要为他做一件事才让他走。于是丁龙说出了久久埋藏的一个心愿：他自己几十年来攒了一笔钱，他希望卡本蒂埃能帮他把这些钱捐献给美国一个有名的大学，用它来建立一个研究中国文化的系。他希望能促进美国人认真地研究中国文化，了解中国。他相信，了解了中国文化的伟大和深厚以后，美国人会理解中国，尊重这样一个有着悠久文明传统的民族。

当然，丁龙一个人的钱是不够的。卡本蒂埃接到了丁龙辛苦一生积攒的满含着希望的血汗钱，激动得久久不能平静。高贵的卡本蒂埃没有食言，他也捐献了很多钱。为了帮助实现丁龙的梦，他几乎使自己倾家荡产，终于在哥大建立了这样一所东亚系。

全世界都知道，中华民族是一个喜欢读书的民族，丁龙的梦其实也是一个伟大民族的读书梦。和中国古代渴望读书成功、出人头地的无数先辈一样，这也是一个远在异乡的穷苦的中国人的读书梦。所不同的是，丁龙的这个梦更伟大，意义也更深远。丁龙已经不仅仅是为了自己读书，而是为了让更多的人读书；而这种读书又有了一个神圣的目的：让别人了解他的祖国，尊敬他的祖国文化。因此，丁龙的行为就不能不令人肃然起敬了。

丁龙自己没能够读书，可是他却用自己的努力，用自己的辛勤劳苦让更多的人有机会去读书，去维护自己民族的尊严。

第三十课　丁龙先生的梦

他要架设一座桥梁，让中美文化和中美人民之间互相了解，互相热爱。他虽然没读过很多书，可是他知道读书的重要。他知道，书、知识，可以让人们互相了解，互相学习，可以让两个伟大的民族握手。

丁龙没有想到光宗耀祖，没有想到"书中自有黄金屋，书中自有千钟粟，书中自有颜如玉"。作为一个穷苦的劳工，他把所有的钱都捐献出来了，没有等到"洞房花烛夜，金榜题名时"。

丁龙几乎什么都没有留下，他甚至没留下一句话。可是人们永远感激他、纪念他，后来人们找到了一张他的照片。这张照片直到今天还挂在哥大的东亚系。

丁龙，一个普普通通的中国人，却干了一件不普通的、值得我们永远纪念的伟大的事。

根据《哥大与现代中国》改写

生词　New Words

1.	享誉	xiǎngyù	动	to be renowned, to enjoy good fame
2.	劳工	láogōng	名	laborer, worker
3.	创办	chuàngbàn	动	to establish, to set up
4.	深重	shēnzhòng	形	extremely serious
5.	谋生	móushēng	动	to seek livelihood
6.	提拔	tíbá	动	to promote
7.	管家	guǎnjiā	名	butler, housekeeper
8.	勤勤恳恳	qínqínkěnkěn	形	diligent and conscientious

9.	退休	tuì xiū		to retire
10.	谢绝	xièjué	动	to refuse, to decline
11.	心愿	xīnyuàn	名	cherished desire, aspiration, wish
12.	倾家荡产	qīngjiā-dàngchǎn		to lose family fortune
13.	异乡	yìxiāng	名	alien land (i.e., not one's hometown)
14.	神圣	shénshèng	形	sacred, holy
15.	祖国	zǔguó	名	motherland
16.	肃然起敬	sùránqǐjìng		to be filled with deep veneration
17.	辛勤	xīnqín	形	industrious, hardworking
18.	维护	wéihù	动	to safeguard, to defend, to uphold
19.	桥梁	qiáoliáng	名	bridge
20.	握手	wò shǒu		to shake hands

Exercise One: Remembering Details

细读本文，指出下列句子提供的信息是对的还是错的。如是错的，请改成正确的答案

1. 哥伦比亚大学是美国一所有名的大学，它的东亚系是一个很有名、很有身份的人建立的。（　　）
2. 丁龙受过很好的教育，他后来被提拔做了管家。（　　）
3. 因为喜欢丁龙，卡本蒂埃也开始关心中国文化。（　　）
4. 丁龙老了，他想退休，卡本蒂埃不同意，丁龙很生气。（　　）
5. 丁龙希望在美国建立一个研究中国文化的系，让美国人有机会学习中国文化。（　　）
6. 因为丁龙的钱不够建立一个中国文化系，卡本蒂埃帮助他又捐献了很多钱，他们最后成功了。（　　）

7. 丁龙希望美国人了解中国，让他们考科举。　　　　（　　　）

8. 丁龙后来没有建立东亚系，他帮助人们建立了一座桥梁。（　　　）

9. 丁龙虽然是个普通人，但是他做了一件很伟大的事。　　（　　　）

Exercise Two: Analyzing Ideas

根据文章内容，选择正确的答案

1. 哥伦比亚大学东亚系很有名，因为它_____。
   A. 历史最长最有成就　　B. 专家最多　　C. 是一位很有名的人建立的

2. 关于丁龙，下面说法正确的是_____。
   A. 在中国当劳工　　B. 非常有钱　　C. 工作努力

3. 为了感谢丁龙为自己服务了一生，卡本蒂埃决定_____。
   A. 让他退休　　B. 满足他一个要求　　C. 提拔他当管家

4. 丁龙想建立中国文化系的目的是为了_____。
   A. 渴望读书　　B. 让人们了解中国　　C. 让自己声名远扬

5. 丁龙虽然没有读过很多书，可是他_____。
   A. 想让更多的人读书　　B. 光宗耀祖　　C. 想当文明人

6. 丁龙的故事告诉我们要_____。
   A. 爱自己的国家和文化　　B. 捐献很多钱　　C. 努力工作

Exercise Three: Synonyms

根据上下文的意思，找出句中加点词的同义词或它的意思

1. 中国人那时候深深地感到自己落后了，可是又找不到出路。（　　　）
   A. 很近的道路　　B. 发展的前途　　C. 先进的文化

2. 当时有很多中国人被迫到西方去谋生，有很多中国人来到美国当劳工。（　　　）
   A. 找工作谋求生活　　B. 想办法看病　　C. 受到更好的教育

3. 丁龙刚开始谢绝了,他一生从不愿意求人。(　　)
   A. 客气地同意　　　　B. 礼貌地拒绝　　　　C. 高兴地叫好
4. 为了帮助实现丁龙的梦,他几乎使自己倾家荡产,终于在哥大建立了这样一所东亚系。(　　)
   A. 失去一切　　　　B. 努力奋斗　　　　C. 生病失业
5. 因此,丁龙的行为就不能不令人肃然起敬了。(　　)
   A. 产生敬佩　　　　B. 变得高尚　　　　C. 认为聪明

Exercise Four: Discussion Questions

讨论下面的问题

1. 丁龙生活的时代是一个什么样的时代?他为什么要建立一个研究中国文化的系?
2. 丁龙是怎样实现自己的梦想在哥大建立一个东亚系的?
3. 丁龙的读书梦和中国传统知识分子的读书梦有什么不同?
4. 丁龙自己不是知识分子,他也没有机会再读书,他为什么要把自己积攒一生的钱捐献出来建立东亚系?
5. 通过学习这篇文章,你认为我们应该向丁龙学习些什么?
6. 你有梦想吗?你想怎样去实现你的梦想?

第三十一课　伍老师

伍老师是一位模范的小学老师。她也是我见过的最厉害的一位老师。她的厉害不仅在于她的本领高强，而且在于她的管理方法严格，她的脾气也很大。

她是一位省级模范教师，她的学生考试考得都很好，年年都在学校里当冠军，因此家长们都想尽办法让自己的孩子到她的班里去上课。开学不久，伍老师班上的学生就超额了，根据学校规定，班里必须减少一些人，可是谁也不愿意走。于是学生太多，班里竟然有五十多个学生。

而别的班呢，只有三十个学生，伍老师班的学生差不多比别的班多一倍。虽然人多，学习条件不好，但她班里的学生仍然考第一。你不服气都不行，伍老师教的学生就是好。伍老师当然骄傲。因此，她是学校的光荣，是学校的一块牌子，连校长都要敬着她。由于骄傲，伍老师有时就看不起人——在她眼里，世界上没有几个有知识有能力的人。

转眼间，我的儿子到了该上小学的年龄了，我早就打听到了伍老师的大名，盼着能让儿子跟她上一年级。幸运得很，那年伍老师恰恰教一年级。详细情况我不说了，反正是费尽了周折，跑断了腿，磨破了嘴，终于让儿子挤进了伍老师的班。

上小学是人生的第一站，基础非打好不可。我家只有一个孩子，孩子太小不懂事，当然不知道好好儿学习，所以孩子上小学比上中学、考大学更让人操心。就因为这，选择一个好老师就显得尤其重要了。我儿子能到伍老师的班，我的心病顿时去了一大半。

没想到，我高兴得太早了。

几乎是刚刚开学,我就收到了伍老师的一张纸条。纸条写得很不客气,让我马上去学校一趟。我以为出了什么大事,赶紧跑到学校。在那儿,我第一次见到了伍老师。她是一个个子不高的中年女士,穿得干净**利落**,说话很快,要不是她那么傲慢,她的脸就会显得更好看。可是她眼里总是流露出那么一丝**轻蔑**,所以这张脸就不可爱了。

伍老师找我其实并没有什么大事,她只是想给我一个**下马威**。听说我在大学教书,她怕我以后会用自己的知识或教学方法来干扰她的权威,所以叫我来是特意向我声明的。其实我对小学教育一点儿也不懂,当然对她**毕恭毕敬**,向她表示了自己无条件的敬佩。看到我是真心的,伍老师满意地放我走了。

刚上小学,孩子还小,放学时家长总是去学校门口接孩子。**估摸**着快到放学时间了,我赶快**欢天喜地**地去学校门口接孩子,没想到,我迎头碰见了伍老师。

"在全班五十个学生中,你的孩子是最差的!你知道吗?"伍老师**气势汹汹**地冲我喊。我一下子被伍老师吓昏了头脑。真的吗?儿子竟这么**调皮**不懂事?我天天**叮咛**他上学要好好儿读书,没想到,刚开学他就这么让我丢脸。我已经好多年没有这样被别人当面**训斥**了。我当时被伍老师训得脸上**火辣辣**的,恨不能马上逃走。

好容易接到了儿子,我赶紧**审问**他犯了什么错,可孩子一脸无辜,说没做错什么,老师今天还**表扬**了他。我能信儿子的话吗?想想伍老师看我的神情,我整个下午都痛苦得回不过神来。

傍晚再去接孩子,我去晚了一会儿,只见伍老师又站在门口。我想躲开她,于是闪到了一旁。一个家长过来了,伍老师迎了上去:"你是×××的家长?你知道吗,你儿子是全班最差的学生!你回去应该好好儿管管他……"又一个家长来了,伍老师又迎了上去:"你知道吗……"

啊！原来如此。

就这样，去接孩子已经完全没有一点儿乐趣，反而成了一种酷刑。孩子小，你又不能不去接他。你指望晚一点儿去避开伍老师吧，可伍老师极其负责，不见到家长她绝不放心地让孩子自己离开学校。别的家长也许渐渐习惯了这一套，可我却每一次都不能不脸红。

伍老师的方法确实奏效。全班学生认真上课，作业写得非常完美，不出一个星期，孩子们个个都被调教得像个机器人了。

不过，我马上就遇到了一个难忘的教训。哎！说一千道一万，儿子就不该生病。他生了病我也不该自作主张地不让他写作业。我终于得罪了伍老师，儿子还差一点儿被她撵出教室。

那天也是很不凑巧，天气突然降温了，孩子正上着课，忽然发了高烧，他烧得很厉害，我去学校接了他抱起他就想往外跑，没想到伍老师拦着我非要给孩子布置作业。当时我只有苦笑。

到了医院，幸亏来得早，不然儿子会转成肺炎。医生马上让儿子留在医院打吊瓶。吊瓶一直打到半夜十二点，儿子的高烧终于退了。我们辗转回到家已经夜里一点了。刚刚到家，儿子就挣扎着起来要写作业。孩子烧了一天，饭也没怎么吃，所以身体很虚弱，可他此时还想着写作业。看他这样，我实在太心疼了。我说："儿子，别写了，赶快睡吧。"得到了我的批准，儿子不但没高兴，反而吓得几乎哭了出来："爸爸，不行。我一定得写。要不然伍老师会生气，明天会批评我，不让我上学的。""不会！儿子，放心吧。爸爸给你写一个请假条，明天带给老师，她不会生气的。"看到我认认真真地写好了请假条，儿子才放心地睡了。

第二天，我在办公室正准备一个讲座，忽然被电话铃声惊起。一拿起电话，竟是儿子从家里打来的。我正诧异他为什么不去上学而是待在家里，儿子带着哭腔，抱怨我昨晚阻止他写作业的事，说伍老师今天生气了，所以把他赶回了家。听到儿子的哭诉，我知道问题严重了。可我不后悔。我错了吗？孩子病成那样，能写作业吗？我立刻答应儿子回家带他去向伍老师求情。我想，伍老师是老师，我也是老师，她会理解一个老师和一个爸爸的心情的。

事实证明我错了，错得一塌糊涂。没等我求情，伍老师就一脸气愤地冲我走来，怒斥我为什么阻止孩子写作业。我想她应该知道我阻止儿子写作业的原因。可是没等我说话，她就命令我立即带孩子回家，并且命令儿子不补完作业就别回来上学。她还一连串地说道："到底谁是他的老师？是你，还是我？现在有两条路，一是今后你自己教他，他不要来上学了；二是他老老实实补完作业再回来。"当时，儿子吓得直哭，哭还不敢哭出声，只有眼泪吧嗒吧嗒地往下掉。我尴尬极了，我这一辈子很少受过这样的羞辱。为了孩子，我忍了，于是拉起儿子赶紧就往外走。

有一段日子，我没敢去接儿子，孩子的妈妈去接的。在我工作的大学，我算得上是位好老师，每年都得奖，还常常发表文章，同时受到学生的欢迎和领导的信任。连我们大学校长都对我很客气，没想到一个小学老师竟这么毫无顾忌地训斥我。我真想不通。

谁能想到呢，一个偶然的机缘，竟使伍老师与我和解了。那是省教育厅主办的一次考试，有一门考试科目是美学。我出版过一本美学入门书，被指定为复习专用书。伍老师那年正在参加高等师范证书考试，她买不到那本书，但打听到作者是我。有一天我没来得及躲她，恰巧被她撞见了，她把我叫住，问道："《美学入门》的作者是你吗？"我不知她何意，赶忙承认："是，是。""你能帮我买一本吗？""您……，哪儿的话？我一定奉送，一定奉送……"

之后不久，我出国了。行前有很多事要做，送了书，我渐渐忘了伍老师。我来美国后不久，得知孩子又生病了。这次病得比上次更厉害，孩子住了两个星期的医院。虽然后来知道孩子病好了，我的一颗心却一直悬着。我最担心的是伍老师，她能饶过久病初愈的儿子吗？

直到过了一年儿子来美国以后，我才真正了解了伍老师。她不只是严格，而且她还是一个负责任的好老师。儿子告诉我，他住院期间，伍老师几乎每天去医院看他。只要儿子病情好了一些，她就给孩子补课。她已经不舍得给孩子布置作业了。可是她的班是尖子班，每天学习进度很快。她为了不让儿子落下功课，尽自己最大的努力见缝插针地给儿子补课。

可以想象，对伍老师来说，做到这些有多难。她每天工作这么忙，自己也是孩子的妈妈，就为了这个不让她的学生落下的朴素的信念，她整整跑医院跑了两个星期。除了给儿子补课，她还亲自给儿子做好吃的东西，给儿子买书，等等。她和儿子成了朋友。

从儿子口中，我知道伍老师并不总是那么不近人情。她原来是个农村女孩儿。那时候在农村，鼓励女孩儿读书的人家少。看到别的男孩子能上学，她哭着闹着要上学。起初家里人没有理她，以为她哭闹几天就好了。可没想到这个女孩儿竟是一直哭了很多天，眼泪都快流干了。父母万般无奈，就送她去读书了，没想到她不但是班上最好的学生，而且是全校最好的学生。

但是父母忙不开，还是需要她帮着家里干农活儿。于是她白天上学，放学以后就到地里干活儿，一直干到半夜，第二天天不亮她再跑十几里山路到学校上早自习。父母交不起学费，学校的老师就帮她交。看到她这么辛苦还要读书，父母流泪了："可惜你不是男孩子。""女孩子为什么不能读书？我一定要读出个样子来给你们看！"

多少年来，这个坚强的姑娘从来没有缺过一天课。即使是农忙或者生病，这个要强的姑娘也从没耽误过一次作业。她的成绩是全县最好的。她的故事传遍了这个遥远的山区。由于她的成绩最优秀，她被保送上了师范学校。"你知道上学有多珍贵吗？做人就该事事争第一。我看到现在的孩子不好好儿读书我就恨，因为他们吃穿不愁，一门心思读书再读不好，能对得起谁呢！"她说。

"做人就该事事争第一。"伍老师的这个想法震撼了我，也深深地在我儿子心里扎下了根。

儿子来美国后，在学习生活中，又遇到了不同国籍、不同肤色的老师，可唯有伍老师对他的"蹂躏"最狠，爱他也爱得最深。等到儿子懂事了，他才深知，中国老师对学生的爱是用不同的方式表达出来的。

当时儿子来美国之前，伍老师送给他一套中国历史书、一条红领巾。伍老师的意思很明显：读历史让他记着他是中国人，红领巾提醒他要永远做好人。

儿子来美时刚上完小学一年级，现在他早已长成一个男子汉，在哥伦比亚大学读二年级了。论个头，爸爸对他也得仰视了，可是他仍记着伍老师。你若问他从小到大认识的人里谁的学问最好，他当然会脱口而出说是伍老师！

生词　New Words

1.	本领	běnlǐng	名	skill, ability, capability
2.	省级	shěngjí	名	provincial (government) level
3.	冠军	guànjūn	名	champion
4.	超额	chāo'é	动	to exceed the quota
5.	恰恰	qiàqià	副	coincidentally, exactly

6. 周折	zhōuzhé	名		twists and turns, setbacks
7. 操心	cāo xīn			to worry about, to trouble about
8. 心病	xīnbìng	名		anxiety, sore point, secret trouble
9. 利落	lìluo	形		agile, nimble, neat, orderly
10. 轻蔑	qīngmiè	动		to scorn, to slight
11. 下马威	xiàmǎwēi	名		severity shown by an official on assuming office
12. 毕恭毕敬	bìgōng-bìjìng			extremely deferential
13. 估摸	gūmo	动		to reckon, to guess
14. 欢天喜地	huāntiān-xǐdì			overjoyed
15. 气势汹汹	qìshì-xiōngxiōng			truculent, overbearing
16. 调皮	tiáopí	形		naughty, noisy and mischievous
17. 叮咛	dīngníng	动		to urge repeatedly, to warn, to exhort
18. 训斥	xùnchì	动		to reprimand, to rebuke
19. 火辣辣	huǒlàlà	形		burning
20. 审问	shěnwèn	动		to interrogate, to question
21. 表扬	biǎoyáng	动		to praise, to commend
22. 酷刑	kùxíng	名		cruel torture
23. 指望	zhǐwàng	动		to look to, to count on, to hope
24. 奏效	zòu xiào			to be successful, to prove effective
25. 调教	tiáojiào	动		to teach, to guide
26. 发烧	fā shāo			to have a fever
27. 幸亏	xìngkuī	副		fortunately, luckily

28. 肺炎	fèiyán	名	pneumonia
29. 讲座	jiǎngzuò	名	lecture
30. 诧异	chàyì	形	surprised, amazed
31. 求情	qiú qíng		to ask a favor, to intercede (for sb.)
32. 一塌糊涂	yītāhútú		in a complete mess
33. 怒斥	nùchì	动	to rebuke
34. 吧嗒	bādā	拟声	click
35. 顾忌	gùjì	动	to scruple, to have misgivings
36. 机缘	jīyuán	名	good luck, lucky chance
37. 和解	héjiě	动	to become reconciled
38. 美学	měixué	名	aesthetics
39. 入门	rùmén	名	introduction, primer
40. 证书	zhèngshū	名	diploma
41. 奉送	fèngsòng	动	to send with respect
42. 悬	xuán	动	to feel anxious, to be remote
43. 饶	ráo	动	to forgive
44. 初愈	chūyù	动	to have just recovered
45. 尖子	jiānzi	名	top students
46. 进度	jìndù	名	rate of advance, planned speed, schedule
47. 朴素	pǔsù	形	simple, plain
48. 信念	xìnniàn	名	belief, conviction
49. 不近人情	bújìn-rénqíng		disregarding other's feelings

50. 万般无奈	wànbānwúnài		to have no alternative
51. 早自习	zǎozìxí	名	morning review class
52. 保送	bǎosòng	动	to recommend sb. for admission to school etc.
53. 师范	shīfàn	名	normal school
54. 震撼	zhènhàn	动	to shake, to shock
55. 蹂躏	róulìn	动	to torture, to trample over, to ravage
56. 红领巾	hónglǐngjīn	名	red scarf
57. 若	ruò	连	if, as if, seem, appear to

Exercise One: Remembering Details

细读本文，指出下列句子提供的信息是对的还是错的。如是错的，请改成正确的答案

1. 伍老师虽然本领高，但她的脾气很大。　　　　　　　　　　　　　（　　）
2. 因为伍老师太严格，学生们虽然喜欢她，但不愿意到她班里去上课。（　　）
3. 虽然伍老师很严格，但是她的学生成绩不太好。　　　　　　　　　（　　）
4. 伍老师有很强的自尊心，她对别人总是毕恭毕敬。　　　　　　　　（　　）
5. 伍老师喜欢用批评的方式来教育学生，并让家长注意。　　　　　　（　　）
6. 伍老师在任何情况下都不希望别人挑战她的权威。　　　　　　　　（　　）
7. 因为"我"为儿子说情，伍老师很不高兴，她批评了"我"。　　　（　　）
8. 知道了伍老师的故事以后，"我"和儿子更尊敬这样一位老师了。　（　　）
9. 最后"我"才知道，原来伍老师是一个不近人情的人。　　　　　　（　　）
10. 因为伍老师认为做人应该事事争第一，所以她对学生要求非常严格。（　　）

Exercise Two: Analyzing Ideas

根据文章内容，选择正确的答案

1. 大家都希望能上伍老师的课，因为她_____。
   A. 教得好　　　　　　　B. 总是超额　　　　　　C. 脾气大
2. 虽然伍老师班里的学生比别的班多，可是她的班考试总是_____。
   A. 不服气　　　　　　　B. 得冠军　　　　　　　C. 多一倍
3. 儿子刚刚开学时，伍老师递给我一张纸条是想_____。
   A. 对我不客气　　　　　B. 对我示好　　　　　　C. 给我一个下马威
4. 伍老师批评每个家长是因为想让他们_____。
   A. 帮孩子做作业　　　　B. 管好孩子　　　　　　C. 检查孩子作业
5. 有一段时间我不敢去接儿子，是因为_____。
   A. 怕做作业　　　　　　B. 伍老师不让我去　　　C. 怕被批评
6. 我们最后发现伍老师是一位_____。
   A. 负责任的好老师　　　B. 不近人情的老师　　　C. 蹂躏人的老师

Exercise Three: Synonyms

根据上下文的意思，找出句中加点词的同义词或它的意思

1. 开学不久，伍老师班上的学生就超额了。（　　）
   A. 很超越　　　　　　　B. 额度高　　　　　　　C. 超出数量
2. 幸运得很，那年伍老师恰恰教一年级。（　　）
   A. 正好　　　　　　　　B. 原来　　　　　　　　C. 根本
3. 详细情况我不说了，反正是费尽了周折。（　　）
   A. 麻烦　　　　　　　　B. 关系　　　　　　　　C. 功夫
4. 可是她眼里总是流露出那么一丝轻蔑，所以这张脸就不可爱了。（　　）
   A. 难过　　　　　　　　B. 愤怒　　　　　　　　C. 看不起

5. 伍老师找我其实并没有什么大事，她只是想给我一个下马威。（ ）

   A. 很大的麻烦   B. 厉害的教训   C. 严重的批评

6. 我诧异他为什么不去上学而是待在家里。（ ）

   A. 难过   B. 愤怒   C. 奇怪

7. 一个偶然的机缘，竟使伍老师与我和解了。（ ）

   A. 关系   B. 机会   C. 原因

8. "您……，哪儿的话？我一定奉送，一定奉送……"（ ）

   A. 恭敬地送   B. 很快地送   C. 当面送

Exercise Four: Discussion Questions

讨论下面的问题

1. 读完这篇小说，你觉得伍老师是一个什么样的老师？你见过这样的老师吗？你喜欢这样的老师吗？

2. 伍老师对学生那么厉害，家长们为什么还要争着让自己的孩子去她班里跟她上课？

3. 伍老师为什么告诉每一个家长他们的孩子是班上最差的？你认为她这样做对不对？如果不对，你认为应该用什么样的方法？

4. 伍老师为什么刚开始不喜欢"我"？她后来为什么愿意与"我"和解？

5. 伍老师为什么这样"不近人情"？她为什么那么痛恨家长溺爱孩子？你觉得她那么严格有道理吗？

6. 你同意"做人就该事事争第一"的说法吗？为什么？

7. "我"儿子为什么认为"中国老师对学生的爱是用不同的方式表达出来的"？他为什么说伍老师是学问最好的人？

生词索引
Vocabulary Index

	A	
挨打	ái dǎ	29
暗杀	ànshā	9
暗示	ànshì	6
肮脏	āngzāng	22
昂贵	ángguì	4

	B	
巴结	bājie	27
吧嗒	bādā	31
把持	bǎchí	16
霸占	bàzhàn	11
百感交集	bǎigǎnjiāojí	24
败仗	bàizhàng	9
榜样	bǎngyàng	1
包办	bāobàn	20
宝座	bǎozuò	19
保守	bǎoshǒu	22
保送	bǎosòng	31
报仇	bào chóu	6
报恩	bào ēn	6
报复	bàofu	9
报时	bào shí	16
暴君	bàojūn	13
悲剧	bēijù	10
悲喜交集	bēixǐjiāojí	24
本领	běnlǐng	31
逼	bī	6
毕恭毕敬	bìgōng-bìjìng	31
避免	bìmiǎn	26
避难	bì nàn	25
边境	biānjìng	17
编舞	biān wǔ	16
鞭子	biānzi	11
贬低	biǎndī	16
表扬	biǎoyáng	31
病危	bìngwēi	19
补充	bǔchōng	7
不必	búbì	6
不管	bùguǎn	1
不合时宜	bùhé shíyí	20

不禁	bùjīn	24		沉浸	chénjìn	24
不近人情	bújìn-rénqíng	31		沉迷	chénmí	16
不祥	bùxiáng	19		称职	chènzhí	16
不幸	búxìng	16		称赞	chēngzàn	1
不以为然	bùyǐwéirán	6		成文	chéngwén	1
步骤	bùzhòu	25		成心	chéngxīn	1
部落	bùluò	14		诚意	chéngyì	11
				承认	chéngrèn	28

C

				惩罚	chéngfá	27
擦肩而过	cājiān'érguò	24		吃亏	chī kuī	1
才智	cáizhì	11		冲突	chōngtū	3
才子	cáizǐ	24		充分	chōngfèn	13
材质	cáizhì	3		充足	chōngzú	4
采用	cǎiyòng	26		憧憬	chōngjǐng	5
参考	cānkǎo	7		崇高	chónggāo	7
残杀	cánshā	13		抽象	chōuxiàng	2
操心	cāo xīn	31		出路	chūlù	25
诧异	chàyì	31		出人头地	chūréntóudì	20
拆散	chāi sàn	24		出色	chūsè	12
场合	chǎnghé	3		初犯	chūfàn	29
超额	chāo'é	31		初愈	chūyù	31
超人	chāorén	28		除掉	chú diào	10
朝贺	cháohè	19		处事	chǔshì	21
彻骨	chègǔ	24		传教士	chuánjiàoshì	18
撤职	chè zhí	25		传奇	chuánqí	18
臣民	chénmín	7				

传说	chuánshuō	14
创办	chuàngbàn	30
创举	chuàngjǔ	26
祠堂	cítáng	23
辞书	císhū	21
次序	cìxù	7
刺激	cìjī	5
粗暴	cūbào	28
粗鲁	cūlǔ	2

D

搭理	dāli	1
达观	dáguān	5
打拳	dǎ quán	28
打扫	dǎsǎo	24
大臣	dàchén	13
大都	dàdōu	20
大方	dàfang	1
大公无私	dàgōng-wúsī	6
大拇指	dàmǔzhǐ	5
大手大脚	dàshǒu-dàjiǎo	4
担忧	dānyōu	22
单位	dānwèi	20
耽误	dānwu	29
得逞	déchěng	17
得罪	dézuì	6

登基	dēngjī	19
提防	dīfáng	9
的确	díquè	8
敌人	dírén	12
抵抗	dǐkàng	13
地方	dìfāng	1
地球村	dìqiúcūn	2
缔造	dìzào	15
典范	diǎnfàn	26
叮咛	dīngníng	31
盯	dīng	3
定义	dìngyì	2
动荡	dòngdàng	16
动乱	dòngluàn	7
栋梁	dòngliáng	1
度假	dù jià	28
短途	duǎntú	5
兑现	duìxiàn	6
多疑	duōyí	9
多余	duōyú	4
躲	duǒ	11

E

恩爱	ēn'ài	24
恩惠	ēnhuì	6
儿时	érshí	5

F

发表	fābiǎo	1
发火	fā huǒ	6
发烧	fā shāo	31
发誓	fā shì	22
翻身	fān shēn	20
翻天覆地	fāntiān-fùdì	21
反正	fǎnzhèng	10
放弃	fàngqì	21
妃子	fēizi	13
非凡	fēifán	17
肺炎	fèiyán	31
废除	fèichú	15
废黜	fèichù	26
分裂	fēnliè	18
分享	fēnxiǎng	23
风度	fēngdù	12
封建制	fēngjiànzhì	2
封锁	fēngsuǒ	10
疯	fēng	27
疯狂	fēngkuáng	27
逢年过节	féngnián-guòjié	8
讽刺	fěngcì	16
奉承	fèngcheng	6
奉送	fèngsòng	31
奉为	fèngwéi	23
扶持	fúchí	15
服气	fúqì	11
辅助	fǔzhù	18
腐败	fǔbài	22
付账	fù zhàng	3
负疚	fùjiù	22
负面	fùmiàn	23
富强	fùqiáng	26
富裕	fùyù	3

G

改正	gǎizhèng	29
干扰	gānrǎo	25
干涉	gānshè	20
肝肠寸断	gāncháng-cùnduàn	24
感慨	gǎnkǎi	27
感叹	gǎntàn	5
刚烈	gāngliè	17
刚强	gāngqiáng	6
高明	gāomíng	6
高尚	gāoshàng	26
告诫	gàojiè	22
歌谣	gēyáo	23
个性化	gèxìnghuà	3
耕	gēng	26

工程师	gōngchéngshī	16
工具书	gōngjùshū	18
公认	gōngrèn	20
功绩	gōngjì	14
功名	gōngmíng	26
攻打	gōngdǎ	14
攻克	gōngkè	16
宫女	gōngnǚ	13
恭维	gōngwéi	6
巩固	gǒnggù	26
共和	gònghé	13
共享	gòngxiǎng	3
估摸	gūmo	31
骨肉	gǔròu	7
鼓足	gǔzú	27
故意	gùyì	1
顾忌	gùjì	31
瓜分	guāfēn	22
关怀	guānhuái	1
观念	guānniàn	1
官僚	guānliáo	13
棺材	guāncai	8
管家	guǎnjiā	30
冠军	guànjūn	31
灌输	guànshū	25

光宗耀祖	guāngzōng-yàozǔ	20
规范	guīfàn	7
规矩	guīju	20
桂圆	guìyuán	8
国宝	guóbǎo	11
果然	guǒrán	11
过分	guòfèn	1

H

含蓄	hánxù	6
汉学	hànxué	15
豪放	háofàng	24
豪华	háohuá	3
耗尽	hào jìn	25
浩渺	hàomiǎo	24
合伙儿	héhuǒr	25
合理	hélǐ	26
合作	hézuò	14
和解	héjiě	31
和睦	hémù	20
荷花	héhuā	8
狠毒	hěndú	9
横跨	héngkuà	5
衡量	héngliáng	26
红领巾	hónglǐngjīn	31
后代	hòudài	13

生词索引

厚道	hòudao	1
糊涂	hútu	1
欢天喜地	huāntiān-xǐdì	31
缓和	huǎnhé	18
唤起	huànqǐ	25
荒僻	huāngpì	5
荒唐	huāngtáng	13
皇后	huánghòu	13
皇位	huángwèi	13
回报	huíbào	6
回头率	huítóulǜ	4
毁	huǐ	25
贿赂	huìlù	25
火辣辣	huǒlàlà	31

J

机会	jīhuì	29
机械	jīxiè	16
机缘	jīyuán	31
机智	jīzhì	15
积攒	jīzǎn	29
基于	jīyú	6
激情	jīqíng	24
吉利	jílì	8
极点	jídiǎn	17
极端	jíduān	6

极致	jízhì	26
集体	jítǐ	6
嫉妒	jídù	9
嫉恨	jíhèn	9
记取	jìqǔ	26
记性	jìxing	29
济	jì	26
继承	jìchéng	13
祭祀	jìsì	21
家谱	jiāpǔ	23
家训	jiāxùn	23
家长制	jiāzhǎngzhì	13
家族	jiāzú	6
驾车	jià chē	5
尖子	jiānzi	31
坚贞	jiānzhēn	22
监狱	jiānyù	28
剪子	jiǎnzi	8
见识	jiànshi	5
建议	jiànyì	28
将军	jiāngjūn	9
讲座	jiǎngzuò	31
奖励	jiǎnglì	4
焦急	jiāojí	12
狡猾	jiǎohuá	9

教化	jiàohuà	2		局限	júxiàn	20
教诲	jiàohuì	23		菊花	júhuā	8
教训	jiàoxun	26		巨大	jùdà	17
杰出	jiéchū	26		具体	jùtǐ	1
结合	jiéhé	13		具有	jùyǒu	1
借口	jièkǒu	9		决战	juézhàn	15
金字塔	jīnzìtǎ	13		绝顶	juédǐng	12
津津乐道	jīnjīn-lèdào	12		绝对	juéduì	13
进度	jìndù	31		绝交	jué jiāo	1
进士	jìnshì	24		绝色	juésè	17
京城	jīngchéng	25		绝望	juéwàng	22
经商	jīng shāng	25		军阀	jūnfá	15
荆条	jīngtiáo	11		君王	jūnwáng	7
惊人	jīngrén	4		君子	jūnzǐ	6
惊叹	jīngtàn	16		**K**		
精通	jīngtōng	24		开创者	kāichuàngzhě	18
精致	jīngzhì	16		开放	kāifàng	21
警察局	jǐngchájú	28		开国	kāiguó	15
警句	jǐngjù	23		开矿	kāi kuàng	25
警觉	jǐngjué	6		开明	kāimíng	18
竟	jìng	27		刊印	kānyìn	23
纠纷	jiūfēn	18		看透	kàn tòu	9
就业	jiù yè	20		抗议	kàngyì	22
拘留	jūliú	28		抗旨	kàng zhǐ	19
居然	jūrán	16		科举制	kējǔzhì	26

可恨	kěhèn	28		粮食	liángshi	27
可怜	kělián	19		谅解	liàngjiě	1
渴望	kěwàng	26		列强	lièqiáng	25
刻痕	kèhén	24		邻居	línjū	27
恐怕	kǒngpà	13		临危不惧	línwēi-bújù	12
口才	kǒucái	11		吝啬	lìnsè	1
苦恼	kǔnǎo	10		领袖	lǐngxiù	13
酷刑	kùxíng	31		留面子	liú miànzi	1
夸大	kuādà	23		流动性	liúdòngxìng	21
捆绑	kǔnbǎng	3		录取	lùqǔ	27
扩充	kuòchōng	13		禄	lù	26
扩大	kuòdà	20		路费	lùfèi	27

L

懒惰	lǎnduò	16		伦	lún	7
劳工	láogōng	30		伦理	lúnlǐ	2
类别	lèibié	7		轮流	lúnliú	3
冷淡	lěngdàn	24		旅伴	lǚbàn	5
礼教	lǐjiào	22		律条	lùtiáo	23

M

礼义	lǐyì	7		矛盾	máodùn	9
理念	lǐniàn	23		冒	mào	6
理所当然	lǐsuǒdāngrán	6		冒汗	mào hàn	12
理性	lǐxìng	4		没出息	méi chūxi	6
历代	lìdài	15		美德	měidé	5
利落	lìluo	31		美学	měixué	31
栗子	lìzi	8		梦想	mèngxiǎng	20

迷离	mílí	24
迷恋	míliàn	24
迷茫	mímáng	22
迷信	míxìn	3
缅怀	miǎnhuái	24
面子	miànzi	3
描述	miáoshù	5
灭亡	mièwáng	17
民生	mínshēng	26
敏感	mǐngǎn	16
名讳	mínghuì	18
名利	mínglì	13
名牌儿	míngpáir	3
明哲保身	míngzhébǎoshēn	23
模范	mófàn	1
模式	móshì	13
模型	móxíng	8
陌生人	mòshēngrén	6
谋害	móuhài	18
谋生	móushēng	30
募集	mùjí	5

N

乃至于	nǎizhìyú	23
耐心	nàixīn	25
男尊女卑	nánzūn-nǚbēi	20
难产	nánchǎn	22
难关	nánguān	12
馁	něi	26
内乱	nèiluàn	13
溺爱	nì'ài	20
凝望	níngwàng	24
宁愿	nìngyuàn	10
农活儿	nónghuór	29
农历	nónglì	14
浓妆艳抹	nóngzhuāng-yànmǒ	22
奴隶制	núlìzhì	2
怒斥	nùchì	31
诺言	nuòyán	6
女佣	nǚyōng	22

P

牌匾	páibiǎn	23
攀比	pānbǐ	3
判刑	pàn xíng	25
庞然大物	pángrán-dàwù	5
烹调	pēngtiáo	3
疲倦	píjuàn	28
飘零	piāolíng	24
拼命	pīn mìng	29
平安	píng'ān	20
平原	píngyuán	5

凭	píng	11
破破烂烂	pòpòlànlàn	27
魄力	pòlì	18
朴实	pǔshí	25
朴素	pǔsù	31

Q

凄凉	qīliáng	16
凄婉	qīwǎn	24
欺负	qīfu	11
漆器	qīqì	16
奇耻大辱	qíchǐ-dàrǔ	17
乞丐	qǐgài	10
企盼	qǐpàn	26
启发	qǐfā	19
气氛	qìfen	3
气势汹汹	qìshì-xiōngxiōng	31
契约	qìyuē	6
恰恰	qiàqià	31
千古绝唱	qiāngǔ-juéchàng	16
千里迢迢	qiānlǐ-tiáotiáo	20
迁移	qiānyí	13
谦逊	qiānxùn	1
浅薄	qiǎnbó	6
浅释	qiǎnshì	23
浅显	qiǎnxiǎn	25
谴责	qiǎnzé	20
强权	qiángquán	17
抢救	qiǎngjiù	19
悄悄	qiāoqiāo	2
敲锣打鼓	qiāoluó-dǎgǔ	27
桥梁	qiáoliáng	30
钦佩	qīnpèi	5
侵略	qīnlüè	11
亲信	qīnxìn	19
勤俭	qínjiǎn	23
勤快	qínkuai	22
勤勤恳恳	qínqínkěnkěn	30
轻描淡写	qīngmiáo-dànxiě	29
轻蔑	qīngmiè	31
轻易	qīngyì	1
倾家荡产	qīngjiā-dàngchǎn	30
倾听	qīngtīng	5
庆功	qìnggōng	10
求情	qiú qíng	31
求学	qiúxué	25
区分	qūfēn	7
驱逐	qūzhú	18
渠道	qúdào	23
圈	quān	7
权威	quánwēi	1

裙子	qúnzi	17
R		
饶	ráo	31
人均消费	rénjūn xiāofèi	4
人性	rénxìng	5
仁慈	réncí	13
忍让	rěnràng	1
任期	rènqī	13
荣誉感	róngyùgǎn	6
容忍	róngrěn	24
柔婉	róuwǎn	24
蹂躏	róulìn	31
入门	rùmén	31
软性新闻	ruǎnxìng xīnwén	5
若	ruò	31
弱	ruò	13
S		
骚扰	sāorǎo	15
煞风景	shā fēngjǐng	19
傻眼	shǎ yǎn	19
善于	shànyú	14
伤害	shānghài	1
商标	shāngbiāo	3
商量	shāngliang	20
上当	shàng dàng	12

上司	shàngsi	25
奢侈	shēchǐ	16
舍不得	shěbude	3
设有	shèyǒu	7
深奥	shēn'ào	23
深重	shēnzhòng	30
神话	shénhuà	14
神奇	shénqí	5
神圣	shénshèng	30
神仙	shénxiān	27
审问	shěnwèn	31
慎终追远	shènzhōng-zhuīyuǎn	23
生分	shēngfen	1
生殖	shēngzhí	13
省级	shěngjí	31
圣经	shèngjīng	26
圣旨	shèngzhǐ	19
胜仗	shèngzhàng	12
盛世	shèngshì	18
师范	shīfàn	31
师父	shīfu	6
石碑	shíbēi	23
时势	shíshì	15
食材	shícái	3
食言	shíyán	6

史诗	shǐshī	5
使者	shǐzhě	11
示弱	shìruò	16
世态炎凉	shìtài-yánliáng	25
世袭	shìxí	13
世袭制	shìxízhì	13
适量	shìliàng	4
收复	shōufù	18
首领	shǒulǐng	13
舒适度	shūshìdù	3
熟悉	shúxi	20
衰老	shuāilǎo	13
衰落	shuāiluò	24
摔	shuāi	27
水深火热	shuǐshēn-huǒrè	16
税收	shuìshōu	15
说谎	shuō huǎng	1
私塾	sīshú	25
似乎	sìhū	1
送终	sòng zhōng	8
叟	sǒu	1
俗话	súhuà	1
肃然起敬	sùránqǐjìng	30
素材	sùcái	25
粟	sù	26

随便	suíbiàn	1
随时	suíshí	1
缩影	suōyǐng	20
T		
太后	tàihòu	19
太监	tàijian	13
贪婪	tānlán	6
袒护	tǎnhù	18
逃跑	táopǎo	12
逃亡	táowáng	10
讨厌	tǎo yàn	1
特定	tèdìng	23
提拔	tíbá	30
提倡	tíchàng	1
调教	tiáojiào	31
调皮	tiáopí	31
调整	tiáozhěng	2
挑战	tiǎozhàn	21
听从	tīngcóng	1
停息	tíngxī	16
通人情	tōng rénqíng	3
同类	tónglèi	18
统计	tǒngjì	16
偷听	tōu tīng	25
偷偷儿	tōutōur	27

投靠	tóukào	15		委屈	wěiqu	22
投降	tóuxiáng	16		卫生	wèishēng	23
团结	tuánjié	11		未来	wèilái	19
团圆	tuányuán	20		温饱	wēnbǎo	3
推	tuī	19		温柔	wēnróu	6
推行	tuīxíng	26		温馨	wēnxīn	5
退兵	tuì bīng	9		文才	wéncái	26
退路	tuìlù	6		文采	wéncǎi	26
退休	tuì xiū	30		文豪	wénháo	16
脱离	tuōlí	21		文人	wénrén	9

W

				闻名于世	wénmíngyúshì	24
外交	wàijiāo	11		稳定	wěndìng	1
完美	wánměi	26		握手	wò shǒu	30
完善	wánshàn	1		无条件	wútiáojiàn	20
晚辈	wǎnbèi	1		武功	wǔgōng	2
婉约	wǎnyuē	24		武术	wǔshù	28
万般无奈	wànbānwúnài	31		侮辱	wǔrǔ	11
亡国奴	wángguónú	16				

X

王子	wángzǐ	10		牺牲	xīshēng	6
网站	wǎngzhàn	5		袭	xí	24
忘恩负义	wàng'ēn-fùyì	6		袭击	xíjī	13
危害	wēihài	13		喜讯	xǐxùn	27
微薄	wēibó	5		下马威	xiàmǎwēi	31
为所欲为	wéisuǒyùwéi	13		吓唬	xiàhu	27
维护	wéihù	30		鲜明	xiānmíng	26

显然	xiǎnrán	2
显示	xiǎnshì	1
险恶	xiǎn'è	16
限制	xiànzhì	20
陷害	xiànhài	16
相爱	xiāng'ài	22
相处	xiāngchǔ	1
相当	xiāngdāng	1
相对	xiāngduì	1
相似	xiāngsì	22
享誉	xiǎngyù	30
想象	xiǎngxiàng	12
小人	xiǎorén	6
小镇	xiǎozhèn	5
孝道	xiàodào	7
孝顺	xiàoshun	20
效力	xiào lì	1
泄露	xièlòu	9
谢绝	xièjué	30
心病	xīnbìng	31
心服口服	xīnfú-kǒufú	28
心疼	xīnténg	4
心愿	xīnyuàn	30
心照不宣	xīnzhào-bùxuān	6

辛劳	xīnláo	29
辛勤	xīnqín	30
信念	xìnniàn	31
信任	xìnrèn	26
信用	xìnyòng	1
兴	xīng	20
兴旺	xīngwàng	20
行政	xíngzhèng	1
形成	xíngchéng	13
幸好	xìnghǎo	29
幸亏	xìngkuī	31
修养	xiūyǎng	1
秀才	xiùcai	25
虚荣心	xūróngxīn	28
虚伪	xūwěi	1
悬	xuán	31
选拔	xuǎnbá	20
选择	xuǎnzé	21
炫耀	xuànyào	3
血汗钱	xuèhànqián	29
血战	xuèzhàn	18
巡抚	xúnfǔ	20
训斥	xùnchì	31
训诫	xùnjiè	23

	Y				
丫头	yātou	22	遗憾	yíhàn	24
严厉	yánlì	20	遗嘱	yízhǔ	18
颜	yán	26	疑问	yíwèn	7
掩藏	yǎncáng	29	以便	yǐbiàn	25
眼神	yǎnshén	5	以免	yǐmiǎn	9
演奏	yǎnzòu	24	义气	yìqi	6
宴会	yànhuì	10	义务	yìwù	1
谚语	yànyǔ	20	议论	yìlùn	6
摇晃	yáohuàng	27	异乡	yìxiāng	30
遥远	yáoyuǎn	20	抑郁寡欢	yìyù-guǎhuān	24
要地	yàodì	12	因而	yīn'ér	1
要强	yàoqiáng	25	阴谋	yīnmóu	12
野心	yěxīn	13	阴森森	yīnsēnsēn	19
业务	yèwù	3	隐患	yǐnhuàn	16
夜大	yèdà	29	隐居	yǐnjū	10
一旦	yídàn	6	赢利	yínglì	4
一塌糊涂	yītāhútú	31	颖慧	yǐnghuì	24
一窝蜂	yīwōfēng	3	拥护	yōnghù	20
一致	yízhì	20	勇气	yǒngqì	27
医疗	yīliáo	13	涌泉	yǒngquán	6
依靠	yīkào	13	用人	yòngren	9
依赖	yīlài	5	优惠卡	yōuhuìkǎ	4
依然	yīrán	24	优越	yōuyuè	3
依稀	yīxī	24	悠久	yōujiǔ	1
			油耗	yóuhào	3

有机	yǒujī	3		早自习	zǎozìxí	31
有史以来	yǒushǐyǐlái	18		造反	zàofǎn	10
有效	yǒuxiào	21		则	zé	1
有益	yǒuyì	26		责备	zébèi	6
幼	yòu	1		瞻仰	zhānyǎng	23
诱惑	yòuhuò	13		辗转	zhǎnzhuǎn	24
与时俱进	yǔshí-jùjìn	23		战功	zhàngōng	11
浴血奋战	yùxuè-fènzhàn	15		战争	zhànzhēng	13
预兆	yùzhào	19		长幼	zhǎng yòu	7
欲念	yùniàn	13		招待	zhāodài	19
寓教于乐	yùjiàoyúlè	23		召集	zhàojí	15
渊源	yuānyuán	1		照搬	zhàobān	23
原始社会	yuánshǐ shèhuì	13		折叠	zhédié	16
约定	yuēdìng	15		真心	zhēnxīn	1
约束	yuēshù	2		震撼	zhènhàn	31
阅历	yuèlì	5		震惊	zhènjīng	5
韵文	yùnwén	23		争气	zhēng qì	29

Z

				争议	zhēngyì	18
砸	zá	28		征求	zhēngqiú	2
灾害	zāihài	13		征用	zhēngyòng	15
灾难	zāinàn	10		挣扎	zhēngzhá	5
在位	zàiwèi	18		正义	zhèngyì	13
赞扬	zànyáng	2		证书	zhèngshū	31
葬礼	zànglǐ	8		郑重	zhèngzhòng	23
遭	zāo	10		知府	zhīfǔ	20

知县	zhīxiàn	20		专利	zhuānlì	5
执政	zhí zhèng	13		壮胆	zhuàng dǎn	27
指挥家	zhǐhuījiā	12		壮丽	zhuànglì	24
指望	zhǐwàng	31		壮烈	zhuàngliè	24
至高无上	zhìgāo-wúshàng	13		追问	zhuīwèn	9
至少	zhìshǎo	29		准则	zhǔnzé	2
制定	zhìdìng	13		着重	zhuózhòng	26
致命	zhìmìng	24		资格	zīgé	26
致意	zhìyì	20		资源	zīyuán	20
秩序	zhìxù	20		滋味	zīwèi	6
中庸	zhōngyōng	6		仔仔细细	zǐzǐxìxì	27
钟	zhōng	26		自爱	zì'ài	6
众所周知	zhòngsuǒzhōuzhī	5		自杀	zìshā	17
种植	zhòngzhí	14		自尊心	zìzūnxīn	3
重视	zhòngshì	20		宗	zōng	25
周折	zhōuzhé	31		奏效	zòu xiào	31
主持	zhǔchí	25		足下	zúxià	10
主管	zhǔguǎn	27		阻碍	zǔ'ài	13
主力	zhǔlì	15		祖国	zǔguó	30
主宰	zhǔzǎi	13		尊严	zūnyán	6
注重	zhùzhòng	1		遵循	zūnxún	26
祝福	zhùfú	20		做文章	zuò wénzhāng	4